汪迪/著

爆单法则

成交的底层逻辑

文化发展出版社
Cultural Development Press
·北京·

图书在版编目（CIP）数据

爆单法则：成交的底层逻辑 / 汪迪著． — 北京：文化发展出版社，2024.4
ISBN 978-7-5142-4324-6

Ⅰ．①爆… Ⅱ．①汪… Ⅲ．①销售－方法 Ⅳ．①F713.3

中国国家版本馆CIP数据核字(2024)第062745号

爆单法则：成交的底层逻辑

汪迪 著

出 版 人：	宋　娜		
责任编辑：	周　蕾	责任校对：	岳智勇
责任印刷：	邓辉明	装帧设计：	宋晓亮

出版发行：文化发展出版社（北京市翠微路2号　邮编：100036）
网　　址：www.wenhuafazhan.com
经　　销：全国新华书店
印　　刷：天津中印联印务有限公司

开　　本：	710mm×1000mm　1/16
字　　数：	164千字
印　　张：	15
版　　次：	2024年6月第1版
印　　次：	2024年6月第1次印刷

定　　价：52.00元
ＩＳＢＮ：978-7-5142-4324-6

◆ 如有印装质量问题，请电话联系：022-59220703

前言

销售工作的核心是要说服客户，将产品推销给客户。那么，就必须得到客户对销售人员及产品的认可。这件事说来简单，做起来却很难。销售人员每次都要面对不同的客户，还经常更换推销的产品。之前设计好的话术，换了客户、产品，可能就不好用了。

但是，偏偏有人能做到万变不离其宗，不管面对怎样的客户、销售什么产品，都能手到擒来。这是怎么回事呢？这就是底层逻辑在起作用。

世界上的所有事情都有底层逻辑，而一切定律、法则，都是建立在底层逻辑之上，可以用来更便利地解决问题。而成交、爆单，也是有底层逻辑的。掌握了成交的底层逻辑，在销售过程中遇到的一切困难，都能迎刃而解；遇到的一切问题，也都能找到答案。不管主流思想如何变化，客户群体有怎样的不同，产品从属于哪个领域，都能让你如鱼得水，找到成交的出口。那么，成交的底层逻辑究竟是什么呢？

成交只有两个字，却包含了许多的努力和准备。客户、产品、销售人员自身，三者达到互惠互利的平衡时，才能实现成交。因此，成交的底层逻辑，是由客户、产品、销售人员三方面共同构成的。

客户之所以不愿意购买产品，主要是出于对产品质量的顾虑、对销售人员的不信任。客户表现出的一切抗拒行为，背后都有其专属的底层逻辑推动。如果不能解开这些谜底，就很难弄清楚客户到底在想什么，拒绝产品、拒绝销售人员的原因是什么。当你懂得客户的底层逻辑，就能明白客户语言背后的暗示，让沟通不再有障碍。

产品背后的底层逻辑决定了客户对产品的接受程度，任何一款产品都有其优势和劣势，如何发挥优势、规避劣势，需要销售人员通过认识产品、了解产品，制定相应的策略，将产品底层逻辑的内容包装后再传递给客户。当客户彻底了解产品后，成交就变得容易了许多。

本书旨在通过大量的实用案例，将成交底层逻辑的观念传递给每一个销售从业者，让每个销售从业者都能在底层逻辑上建立一套独属于自己的销售方案，书写出自己的爆单法则，在事业上获得成功。

目录

第一章 客户的逻辑

第1节 客户想让你知道：嘿，我不是外行，你不要骗我 / 002

第2节 客户需要成功感：这次买东西，我赚大了 / 006

第3节 客户有聆听需求：你能听我把话说完再推销吗 / 010

第4节 客户在乎尊重感：这家伙简直比我还像客户 / 014

第5节 客户希望：我掏这么多钱，你们能提供额外价值吗 / 019

第6节 客户纠结：你们的产品，匹配我的身份吗 / 022

第二章 产品的逻辑

第1节 产品定位：根据目标客户，深挖实质需求 / 028

第2节 核心价值：一切为了"解决问题" / 032

第3节 卖点与优势：产品属性、优势和顾客利益 / 036

第4节 附加价值：如何给客户制造超出预期的产品体验 / 039

第5节 竞品分析：卖家不但要懂客户，还要读懂竞争对手 / 043

第6节 物流管理：如何给客户制造很美好的收货体验 / 047

第三章　品牌的逻辑

第 1 节 ｜ 品牌营销：核心是提供价值，而不是卖东西 / 052

第 2 节 ｜ 品牌形象：三观与人设，不能偏离大众审美 / 055

第 3 节 ｜ 广告：想要喜闻乐见，就一定要加点创意 / 058

第 4 节 ｜ 品牌故事：吸引大众，让人心生渴望 / 061

第 5 节 ｜ 品牌公关：美誉度需要第三方替你说好话 / 064

第 6 节 ｜ 新媒体：不可忽视的"红人效应" / 067

第四章　渠道的逻辑

第 1 节 ｜ 定位法则：每个人都是你的直接或间接客户 / 072

第 2 节 ｜ 第三者效用：通过五个人，你就可以找到潜在客户 / 075

第 3 节 ｜ 乙方法则：一定要有随时为客户买单的觉悟 / 079

第 4 节 ｜ 回馈法则：获取利益之前，先讲好价值回馈 / 083

第 5 节 ｜ 分钱法则：你我合作，各自能够激活多少收益 / 086

第 6 节 ｜ 二八法则：着重照顾"VIP"客户 / 089

第五章　沟通的逻辑

第 1 节 ｜ 小人物法则：见客户，如何突破"秘书关" / 094

第 2 节 ｜ 权威法则：是 X 总推荐我来拜访您的 / 097

第 3 节 ｜ 情人法则：约见客户，要像相亲一样精心准备 / 100

第 4 节 ｜ 初见法则：如何在第一次见面就把印象分拉满 / 103

第 5 节 ｜ 金主法则：客户面前，姿态要低一些 / 106

第 6 节 ｜ 利他法则：生意场上，更注重礼尚往来 / 110

第六章　反制的逻辑

第1节 直面挑战一：你是谁，你对我来说重要吗 / 114

第2节 直面挑战二：你来干什么，你能为我带来什么 / 118

第3节 直面挑战三：为什么买，和同类产品有什么不一样 / 122

第4节 直面挑战四：我可以购买，但你必须证明我有收益 / 125

第5节 直面挑战五：你可以给我什么保障，保证我的利益 / 129

第6节 直面挑战六：抱歉，现在还不是时候 / 133

第七章　获客的逻辑

第1节 吸引点一：软硬件备齐，一看就很专业 / 138

第2节 吸引点二：前戏一定要到位，抓住客户注意力 / 142

第3节 吸引点三：展示场景娴熟逼真，不妨先演练几遍 / 145

第4节 吸引点四：展示产品核心竞争力，优势必须突出 / 149

第5节 吸引点五：结合客户需求，展示附加价值 / 152

第6节 吸引点六：亲身体验，邀请客户参与到展示过程中来 / 156

第八章　谈判的逻辑

第1节 投石问路：摸清客户态度，掌控虚实 / 162

第2节 虚张声势：利用噱头攻势，抬高对方起点 / 165

第3节 比下有余：巧用对比，使客户对产品另眼相待 / 169

第4节 疲兵之计：把控谈判节奏，以疲劳削弱客户判断力 / 173

第5节 有的放矢：量化利益点，使用获益率一针见血 / 177

第6节 开门见山：关键时刻，掀开彼此底牌打破平衡 / 181

第九章　逆向成交的逻辑

第1节　无中生有：客户说没需求，就为他创造潜在需求 / 186

第2节　痛点效应：不买我的产品，损失最大的是您 / 190

第3节　饥饿营销：我们是限量的，您抓紧考虑 / 194

第4节　欲擒故纵：你不用急，让客户先着急 / 198

第5节　最后通牒：您这边不考虑，我们就考虑其他客户 / 202

第6节　让步原则：让步的目的，是使让步利益化 / 206

第十章　留客的逻辑

第1节　破窗效应：敷衍地回复一个投诉，就可能输得一塌糊涂 / 212

第2节　蝴蝶效应：让一个客户满意，就能带出一个客户群体 / 215

第3节　"粉丝"效应：通过拥趸用户，进一步扩大销售影响力 / 219

第4节　品牌效应：为什么茶饮店的门口经常排长龙 / 223

第5节　互联网效应：利用口碑，将销售被动转化为销售主动 / 226

第6节　大数据效应：利用大数据，摸清客户的资源关系与需求点 / 230

CHAPTER 01

第一章

客户的逻辑

不要你觉得，要客户觉得

第1节

客户想让你知道：
嘿，我不是外行，你不要骗我

》爆单痛点

客户对销售人员大多存有一种不信任的心理。他们普遍认为，从销售人员那里所获得的有关商品的各种信息，往往不同程度地存在一些虚假成分——"嘿，我可不是外行，你不要骗我！"

要想打消客户顾虑，你得让他看到，你知道他是内行，不会欺骗。那么，应该如何去做呢？

》成交法则：打动客户的心比打动脑袋更重要

作为销售人员，你千万不要总想着打动客户的脑袋，而是要想方设法去打动客户的心。因为心是离客户钱包最近的地方，是客户的感情，是客户信任的基础，脑袋则是客户的理智。

换言之，在销售过程中，**你一定要动之以感情，而不要晓之以"道理"**。只有通过打动客户的心，才能让他们产生信任，进而成交。

▶ 实战演练

有一位刘姓销售人员，非常出色。在销售安全玻璃时，他的业绩总能保持在整个南部地区第一名。

在一次公司优秀员工颁奖大会上，主持人问："刘先生，我们大家都想知道，您是用什么特殊的方法，让业绩维持前列的呢？"

刘先生笑了笑，回答说："很简单，我每次去见客户的时候，皮包里总是放了许多截成15厘米见方的安全玻璃。同时，我还会随身携带一把锤子。见到客户，如果客户不相信我，不相信安全玻璃，我就会把安全玻璃放在他们面前，拿起锤子使劲敲一敲。客户看到玻璃没有碎裂，往往非常惊讶。这个时候，我就趁机问道——'你想买多少'，这样很快就达成了交易。"

大会之后，很多人知道了这个方法，同事们更是纷纷效仿。他们出去拜访客户时，都会随身携带安全玻璃样品，以及一把小锤子。可是，一段时间后，人们发现，尽管大家都采取了同样的方法，但刘先生的业绩仍然维持在第一名的位置。这是为什么呢？

带着这个疑问，在再一次的颁奖大会上，主持人又问："刘先生，大家现在都效仿你，做同一件事，用同样的方法，可为什么你的业绩仍然维持第一呢？"

刘先生笑了笑，说道："原因很简单，我早就知道你们会效仿我的做法，所以从那以后就改变了做法。我去拜访客户时，如果他们不相信产品的质量，我就把玻璃放到他们面前，把锤子递过去，让他们自己来砸。"

主持人："这和之前有什么区别呢？"

"区别很大。"刘先生说，"我把安全玻璃介绍得再好，他们也未必会相信。我当着客户的面砸玻璃，信任感上升，但他们还是会怕被骗。只有锤子在手里，他们亲自去体验、去感受，才能完全放下心来。"

现在这个社会，陷阱很多，人与人之间的信任感越来越低。很多客户害怕自己被骗，面对销售人员时，表现得格外谨慎，浑身上下都充满警惕，害怕掉进销售人员设好的"陷阱"里。

这种时候，你就是说得天花乱坠、感天动地，客户也不会相信。相反，你说得越多，客户反而越怀疑。他们甚至会觉得，你的每一句话、每一项行为，都带着欺骗的目的。

这其实也不难理解，很多客户之所以顾虑重重，很可能是因为在他们以往的生活经历中曾经遭受过欺骗，或者买来的商品没有达到他们的期望。当然，现在网络发达，他们也可能是从新闻媒体上看到过一些有关客户利益受到损害的案例，怕自己也遇到类似的事情，所以对他人尤其是对销售人员的戒备心特别重。

很显然，这个时候，如果你不能改变他们的看法，消除他们的戒备心理，这个单子算是泡汤了。那应该怎样做呢？

在这种情况下，你一定要找出客户无法接受产品的真正原因，想办法消除他们的心理障碍。在前面的案例中，刘先生就用了一个很巧妙的方法。他知道客户的心理障碍是不相信安全玻璃的质量，同时害怕会被欺骗，于是给了客户一把锤子，让他们自己去检验安全玻璃的质量。这个方法很轻松地赢得了客户的信任。你只有取得了客户的信任，他们才会跟你合作，才会买你的产品。

你还要给客户机会，让他们在你面前可以表现出"内行"的样子。无论客户是不是真的内行，但只要对方看到你认为他们是"内行"的，他们就会下意识地认为你不敢欺骗一个内行，心理上的安全感就会油然而生，成交就会变得轻松起来了。

第2节

客户需要成功感：
这次买东西，我赚大了

》爆单痛点

客户在购买前往往会有两种感觉：一种是"感觉不划算，看看再说"；另一种是"如果我不买就亏了"。前一种感觉会让客户犹豫不定，甚至失去购买意愿；后一种感觉，则会让客户立即下单，并给其带来成功感。

那么，如何带给客户成功的感觉，让他感觉"我赚大了"？

》成交法则：要么解决的问题多，要么解决的问题大

面对客户时，任何销售人员的面前都摆着一架天平。天平的一端是客户愿意出的价格，另一端是你能帮助客户解决的问题。如何才能让"价格"这一端翘起来？唯一的办法是，在解决问题的那一端加大重量。方法有两个：**要么解决的问题多，要么解决的问题大。**

客户购买产品，是为了实现目标，解决问题。只有能解决的问题多或大，客户目标实现的概率才会越大，他感觉"赚到"的程度也就越高。

» 实战演练

在一个时装店里，售货员小王正在推销新品，她的客户是老顾客刘姐。小王看了看四周，见没有人注意，便小声对刘姐说：

"刘姐，店里刚到了一批新款，我给您拿出来试一下？"

见刘姐没有拒绝，小王赶紧拿出几件新款衣服，请对方试穿。当刘姐穿上一件红色卫衣时，小王连连夸了起来：

"刘姐，这件衣服，您穿上真的非常合身，就像为您量身定制的一样，真有气质。我敢保证，您穿上它呀，一定能打败99%的人。"

几句漂亮话一夸，刘姐不禁飘飘然起来，心里美滋滋的。她左看右看，也觉得这件衣服漂亮，就打算买下来，于是便开始询问价钱。

小王知道，只要再加上一把"火"，这单生意就要成了。那么，她是怎样加"火"的呢？她悄悄地对刘姐说：

"刘姐，因为是新款，我给其他人都不打折的。您穿得这么有气质，我给您打个八折，权当付您的广告费了。不过，一定要记得，这个价格不要告诉别人呀。要是都以这个价来买，那我可得亏死了。"

刘姐本来还觉得价格有点贵，一听小王这样说，顿时觉得自己赚到了，赶紧掏钱下单。

做过销售的人都知道，客户要的就是一种感觉，一种"如果我不买就亏了"的感觉。这种感觉一旦产生，那就是过了这个村，就没有这个店。如果现在不买，就是亏了；如果现在买了，就是赚了。在这种感觉的推动下，客户会很快做出下单购买的决定。

那么，如何才能让客户产生赚了的感觉呢？

通过引导，让客户意识到自己的需求，认识到自己的问题。既然有问题了，那么就得解决这个问题，如果不解决，会对自己造成各种甚至是不好的影响。那么如何解决呢？你要让客户明白，你的产品之于他的问题，就像药之于病，药到就会病除。如果不吃药，"小病"就会成为"沉疴"，会有大麻烦的。

当然，这还不够，产品本来就是解决问题的，要想让客户产生"买到就是赚到"的感觉，一定要让他们觉得"买得值"。这里面包含很多个因素，比如——

要让店铺看上去"值"，店铺装修到位，门头干净，货架整洁；要让服务感觉"值"，服务员精神面貌良好，热情、大方、专业程度高，服务到位，说话好听；要让道具看上去"值"，产品手册清晰明了，客户留言充满喜悦；要让性价比真的"值"，产品与市场上同类产品比较，性能更好，质量更优，价格更低……这么多"值"加起来，客户必然会觉得"物超所值"。

不过，这离感觉"赚到了"还差些距离。这个时候，除了产品本身外，还要有一些额外的附加值。比如，客户购买的杯子，不仅能保温并用来喝水，还是精美的工艺品，不装水的时候可以是孩子的玩具。另外，因为买了杯子，他还额外得到了一条围巾……

这样的产品，不仅解决的问题多，解决的问题还大，客户能不产生"赚到了"的成功感吗？

第3节

客户有聆听需求：
你能听我把话说完再推销吗

» 爆单痛点

为了尽快把产品卖出去，一见到客户，你就滔滔不绝、舌灿莲花。可这个时候，客户偏偏"不识趣"，东拉西扯，净说一些无关痛痒的话题。你忍不住了，打断客户说话，回归正题。可你越说，客户越反感，最后交易失败。

问题出在哪里？

» 成交法则：耳朵比嘴巴更重要

在销售中，有一项基本原则——**说话是银，聆听是金**。过人的口才，可能会让你左右逢源，但善于聆听，却会让你更加顺利地签单。在销售中，20% 靠话术，80% 靠聆听。

为什么耳朵比嘴巴更重要呢？那是因为聆听不仅能让你充分获得客户信息，也是对客户尊重的最好表现，更重要的是，客户能感受到你的尊重。

» 实战演练

一位年轻的保险推销员，去某个城市见一位地产公司总裁。出发前，他的同事说：

"我已经见过这位总裁三次了，每一次都是满怀希望而去，失望而归。他很难搞定的，你不要抱太大希望！"

年轻的推销员听后笑了笑，不以为意。

见到地产公司总裁后，两人一阵寒暄，便开启了聊天模式。推销员很清楚自己此行的目的，于是就故意把话题转移到这位总裁的生意和近况上。因为他知道，这才是对方感兴趣的话题。如果上来就推销保险，很容易引起别人的反感。

果然，这个话题引起了总裁的兴趣。他滔滔不绝地谈起自己最近的生意和家庭，后来还说到前一天晚上和朋友们一起打牌的事情。对于这种纸牌的玩法，推销员根本不懂，听一会儿就听不下去了。有好几次他想出言打断对方，说一下自己的思路和想法，顺便聊聊保险，但看到对方这么感兴趣，不停地说着纸牌游戏，于是便耐住性子，细心聆听。

就这样，这位总裁一直讲故事，完全不提关于保险的任何话题，而年轻的推销员在旁边耐心地听着，不时哈哈大笑。两个人仿佛是多年好友在一起聊天一样，谁都没有谈保险。

最后聊天快要结束时，这位总裁突然说，他的公司打算为管理人员购买商业意外险，一单大生意就这么成交了。

临离开前，销售人员问出心中的疑惑：

"我的同事见过您三次了，可您一直没有想要购买保险的意愿，而我什么也没有说，您为什么会主动提出购买呢？"

地产公司总裁笑着说："他们呀，从来不肯听我把话说完。"

我们感知这个世界，主要是靠眼睛看到的信息，其次才是听到的情报。但是在销售中，却有一个铁律，那就是80%的成交要靠耳朵完成。也就是说，听客户说话才是成交的关键。要想客户听你介绍产品，你就要学会聆听客户说话。

在销售过程中，很多销售员常犯的错误就是喋喋不休，说个不停，甚至为了多说话，多介绍产品，经常打断客户说话。可是这有什么用呢？说了大半天，根本就不是客户想听的，做了无用功不说，还经常会被客户讨厌，导致交易失败。

聪明的销售员都知道，在跟客户交流的过程中，"听"比"说"更重要，因为聆听能让你获取更多信息，了解客户的真实想法、真正需求。很多时候，客户的真正需求，其实都藏在琐碎的谈话中，这需要你听到并过滤吸收。比如，闲聊过程中，客户说"平时家里买东西都是我太太做主的"，这个时候你就应该明白，接下来的推销要多围绕客户的妻子展开，这样就能省掉很多弯路。

总结起来，在销售过程中，聆听客户说话有两点作用。

一是表现了对客户的尊重。每个人都有强烈的自我主张和表现欲。所以，当你聚精会神听客户兴高采烈地说话时，对方会产生一种被尊重的快感。这种感觉，能很快拉近双方的距离，促进交易的成功。

二是聆听的同时，你才有思考的空间。客户的喜好、很多想法以及需求，都藏在说话中。在对方说的过程中，你能边听边吸收，同时带着问题去思考。这能让你更容易找到解决问题的方案，更好地满足客户。

尤其需要注意的是，要让客户把话说完，不要轻易打断对方，因为认真聆听他人的感受和心情，让他人把话说完，是一种尊重的表现。在聆听中体察客户的感觉，感受客户的想法，你也可以更好地开展后面的销售工作。

心理学指出："某些时候，闭嘴比滔滔不绝更利于销售。"事实确实如此。成功的推销是一种艺术，一种学会聆听世界上最伟大的声音的艺术。与其口若悬河地介绍自己的公司或产品，不如选择适时闭嘴，认真聆听客户的心声，了解客户的需求，

这样你的成交才更容易。

第4节

客户在乎尊重感：
这家伙简直比我还像客户

> **爆单痛点**

拜访客户时，明明做了充分的准备，产品介绍得清晰明了，讲得头头是道，客户也在认真听讲，可快要成交时，客户却临时变卦——"你不尊重我，我为什么要买你的产品呢？"

问题出在哪里？什么地方不尊重客户了？

> **成交法则**：客户希望有被尊重的感觉，而不是被说教

每个人都会有被尊重、被重视的心理需求，客户也不例外。他一旦感觉到自己被尊重、被重视了，就会慢慢放下戒备心理，回馈给你一些东西。这些东西，往往就是你销售的目的。

因此，在与客户的沟通中，尽量从每个细节中给予客户足够的尊重，

对方一定感觉得到。切忌说教，**即便他的认知、观点不是很正确，你也不能当场反驳**，千万不要用一切有意无意的举动伤了客户那颗需要被尊重的心。

》实战演练

有一次，某品牌 4S 销售吴睿接待一位客户，与他商谈购车事宜。谈话过程中，一切都很顺利，眼看就要成交，却突然出现变故——对方决定不买了。这让吴睿百思不得其解，心里一直在思考，到底是哪个环节出了问题。

就这样，一直想到晚上，他还是没有理出头绪，实在忍不住，就给客户打了个电话。

"您好！实在抱歉，又打扰您了。今天我向您推荐的那辆车，眼看您就要签字了，为什么突然走了呢？我想知道我哪里做得不够好。"

客户在电话那头有些不高兴地说："喂，小吴，你知道现在几点了吗？"

"实在抱歉，我知道现在是晚上 10 点多了，但是我检讨了一整天，也想了一整天，实在想不出自己到底错在哪里，因此，我才在这么晚冒昧打电话来请教您。"

客户一听，火气顿时消了一些。

"您想了一天，很想知道原因？"

"是的，我非常想知道，麻烦您告诉我。"

"很好！那么，你在用心听我说话吗？"

"非常用心。"

"可是，今天上午，你并没有用心听我说话。就在签字前，我说了什么，你还记得吗？我提到，我的儿子考上了浙江大学，我还跟你说了他很喜欢运动，有着远大的抱负。这么优秀的孩子，他是我的骄傲，可是，我说的这些话，你压根就没有听，你听到的只有购车，只有合同。"

客户的声音拔高了，想起白天的事，他似乎余怒未消。

"你可知道，你的行为让我感受不到尊重。我为什么要从一个不尊重我的人手里购买汽车呢？"

客户的话，终于让吴睿明白自己错在哪里了。任何一个客户，都需要获得尊重感，如果感受不到尊重，他们会扭头就走。吴睿牢牢记住了这次教训，发自内心地去尊重自己的每一位客户，结果取得了意想不到的收获。

心理学家马斯洛认为：人有受到他人尊重的需要。每个人都希望自己能够得到他人的认可和尊重，客户自然也不例外。销售人员常说，客户是我们的上帝。可实际上，只是销售员这样认为吗？当然不是。客户也都自认为是上帝，尤其是面对销售人员时。他们被认可和尊重的心理需求格外强烈。

因此，在销售过程中，如果他们感受到重视，觉得受到了尊重，就会"你尊重我，东西贵点我也买"。相反，如果受到冷遇，感受不到尊重，那就会"你不尊重我，我为什么要买你的产品，买别人的不行吗？"在很多时候，这种被尊重与否的感觉，在很大程度上能够决定客户是否购买。

问题来了：在和客户沟通中，如何显得很尊重对方呢？

通常来说，你可以从以下几个方面着手——

首先，从回应上尊重客户。无论客户的观点你认不认同，都不要着急去回应，销售不是为了同意而同意，更不是为了反对而反对，而是要和客户找到一个共同点。因此，你需要有一个在沟通中让时间暂停的时刻。短暂的停顿，能让对方意识到，你是经过思考后才认真回应的，这是最起码的尊重。

那么，要停顿多久呢？4、3、2、1，一般来说，四秒就可以了。

其次，要真心尊重客户。每个人都有与生俱来的第六感，客户也不例外。他们一般能感受你是"真尊重"，还是"伪尊重"。所谓"伪尊重"，就是那种经过充分掩饰的尊重。比如，服务员标志性的职业微笑，虽然看起来不错，但不是发自内心。这样的"伪尊重"，客户感知到后，会心生厌恶。

因此，你要从内心真正尊重客户，认可客户，千万别来虚的。

再次，在客户的观点上扩展阐述，引导双方的沟通进入共识阶段。你要认真聆听客户说话，思考对方观点的出发点，再加上自己的理解，让双方的沟通进入共识阶段。千万不能完全否定客户，也不要试图强硬说服对方，这样只会增加客户的抵触心理。

最后，在阐述自己的观点前最好认真思考，想好了再说。有逻辑、有条理、有层次，清晰明了地表达自己的观点，让客户听得明明白白，是对对方起码的尊重。如果逻辑混乱，说话东拉西扯，前言不搭后语，即便观点正确，客户也不会感觉到尊重。

总而言之，在销售谈判中，你一定要像尊重上帝一样去尊重客户，让他们感受到前所未有的重视，满足他们渴望受到尊重的心理。

只有这样，你才能够赢得客户。

第5节

客户希望：
我掏这么多钱，你们能提供额外价值吗

» 爆点痛点

眼看快要成交，客户却还在摇摆，左思右想，就是不肯下单。当你继续以产品优势吸引客户时，对方却来了一句——"我掏这么多钱，你们能提供额外价值吗？"你瞬间哑火。

额外价值，你能提供吗？怎样提供？

» 成交法则：跳出产品思维，用额外价值让客户欲罢不能

介绍产品时，把产品的优点以及能给客户提供的价值说清楚，客户就会买单了吗？未必！除了产品能实现的价值外，客户还希望你能为他提供更多的价值。毕竟好处谁也不嫌多，多多益善。你提供的额外价值越多，客户的满足感就会越强，你成单的概率就越大。

因此，**要想做好销售，就要跳出产品思维，给客户提供额外的价值**。不用怕没有，你的细心，你的周到，你的热情，你的人脉，你的能力……这些全都可以是额外价值。

» 实战演练

一家面馆，以卖"宫面"而闻名。因为用料好，做法考究，一碗面价格不菲。在这家面馆吃碗面，差不多可以在普通饭馆炒几个菜了。受价格影响，面馆的生意一直不温不火。

为此，老板非常苦恼。

一次，一个顾客在店里吃面，随口抱怨道："面这贵，怎么啥也不提供呢？就不能提供点额外价值吗？"

一语惊醒梦中人，老板当即决定，改变营销策略。除了在服务上效仿海底捞的做法，给顾客更好的体验外，他还开展了一种令人惊叹的送福利活动。这个活动一经推出，就吸引了大量的顾客，实现了每天顾客爆满的情况。

那么，面馆老板是怎么做的呢？

他用了一个很简单的方法——在碗底印上各种福利活动。这种碗底福利的设计，对于顾客来说，无疑是一种惊喜，一种额外价值。当他们吃完面时，会发现碗底上有福利。比如，优惠券、折扣券、现金奖、免费饮料、免费糕点、小礼品等。这种活动，不仅增加了顾客的消费体验，还给他们带来了满足感，让他们感觉自己很幸运。

> 除了碗底送福利的活动外，老板还提供一些其他额外服务。比如，免费打印、免费存包等。这些额外的服务，会让他们觉得面贵一些也值得。他们不仅自己愿意再次光顾这家面馆，并且愿意推荐给朋友和家人。

作为销售，我们要明白这样一个道理：产品不仅仅是要帮助客户解决问题，更重要的是，要让客户通过和我们的合作满心欢喜。这就要求除了产品本身固有的价值外，还要提供一些其他的、额外的价值。

比如说，我们卖的是水，水的功能就是解决口渴、身体生理所需。可是，水如果加一些甜味，除了能满足生理所需外，还能让人心情愉悦，这就是附加值。如果再加入各种矿物质，价值更高，它的附加值也更大了。

这还不够，作为卖水人，如果我们能和客户聊天谈心，帮他解决一些生活中遇到的难题，附加值是不是又拔高了？作为客户，花一瓶矿泉水的钱，能买到一瓶甜的、富含各种矿物质的水，而且还能得到销售员的帮助，是不是会觉得赚大了？

这就是额外价值带来的变化。只要能提供额外的、更多的价值，我们就能让客户欲罢不能！

第6节

客户纠结：

你们的产品，匹配我的身份吗

》爆单痛点

客户听了介绍，看了产品，很是心动，可是临下单前却又犹豫了——"这个产品，能匹配我的身份吗？"很显然，对方在质疑产品的定位。

这个时候，我要怎么破？

》成交法则：运用"3W"法则，消除客户的顾虑

在销售过程中，当客户说出他的纠结或问题时，你可以通过"3W"法则放慢销售的脚步，消除客户的顾虑。

第一个"W"是为什么（why），可以帮你找出客户的纠结所在；第二个"W"是什么（what），要分析客户的纠结会给你的销售

带来什么样的影响；第三个"W"还是什么（what），你要做些什么才能让客户不再纠结。

这样一分析，你就很容易抓住问题的关键，直击要害了。

» 实战演练

小孙是一家女装店的导购，接触过形形色色的顾客。

这天，一个打扮时髦的顾客来到店里，逛了一圈后，拿起一件风衣左看右看，看样子很中意。

小孙见状，适时走过来，取下风衣让顾客试穿。顾客接过衣服，在身前比了一下，又对着镜子照来照去，似乎很是喜欢。

小孙赶紧说："您眼光真好，这件衣服如果穿在您身上，肯定会很漂亮。您感觉怎么样？"

顾客："还行吧！"

小孙："这个是今年的新款，非常时尚，很多漂亮女生喜欢这一款呢。"

顾客听了小孙的话，一言不发，只是拿着风衣看来看去，还很仔细地看了看品牌，随后又摇了摇头，看得出她有些纠结。

小孙看出了她的纠结，继续发力。

小孙："您人这么漂亮，穿上这件衣服，肯定惊艳。试试看嘛！"

顾客架不住小孙夸赞，便穿上了这件风衣，果然非常漂亮。

小孙抓住时机，又是一顿猛夸，把顾客夸奖得笑容满面。不过看得出来，她还是有些纠结。

小孙："您有什么顾虑吗？"

顾客："衣服很漂亮，也很适合我，可我的圈子里都是一些有品位的人，这件衣服的品牌没怎么见过。"

小孙："您的顾虑是对的，我们这个品牌毕竟是个小品牌，但是它却是小品牌中的佼佼者，有着很多优点，能够匹配您的身份。另外，您看衣服的款式，看它的面料、设计，无一不是大家风范，绝对能衬托出您高贵的气质……这件衣服真的太适合您了。"

顾客一听，纠结顿消，愉快地下单买了衣服。

在销售过程中，客户跟你说："你们的产品，能匹配我的身份吗？"其实，这里面还隐含着另外一层意思，那就是——"你们的产品不错，但规格不高，我在纠结要不要买"。

很多人听了客户的话后，会跟客户辩驳，想告诉客户产品配得上他的身份。不过，这种方式往往会让客户产生对抗情绪，导致交易失败。那么，应该怎样做呢？

首先，认同客户的观点，告诉客户产品是大众化的产品，确实有些配不上客户的身份。把产品的定位降一降，把客户的身份抬一抬，这样在情感上很容易引起客户的共鸣。

然后，跟客户交流，寻找深层次的原因。通过这些，了解到客户纠结的根本原因，是品牌不够响，是设计太普通，还是色彩搭配没有品位？总之，要找到客户"嫌弃"的原因，这样才能解决问题。

最后，突出优点，弱化缺点。当客户提出"嫌弃"的原因时，你可以强调产品的优点，以弱化客户的顾虑，让他感觉到产品还是能配得上自己的身份的，这样他就会放心购买了。

CHAPTER 02

第二章

产品的逻辑

发现需求，切中痛点，解决问题

第1节

产品定位：

根据目标客户，深挖实质需求

» 爆单痛点

千辛万苦设计出来的产品，拿到客户跟前，客户却根本不感兴趣——"你的这个产品，我要来没用"。客户用不着，产品也就失去了意义。

你的产品为什么客户看不上呢？

» 成交法则：匹配是让客户怦然心动的唯一标准

买家与客户之间的关系，总是十分微妙，有时候像"亲人"，亲密无间，有时候无疑是"敌人"，各怀心思，暗暗算计。如果想搞定客户，赢得最后的胜利果实，你就要做到"知己知彼"，才能"百战不殆"。

那么，怎样才能做到"知己知彼"呢？很简单，深挖客户的实质需求。**只有知道客户真正需要什么，你的产品才能匹配客户，让客户怦**

然心动。

》实战演练

一位老太太，到市场上去买水果。很快，她走到了第一个摊位前。小贩一见来客人了，连忙招呼："老太太，您要不要买一些水果？"

老太太："我就是来买水果的，你这里都有什么水果啊？"

小贩："我这里呀，什么都有，李子、桃子、香蕉、苹果、菠萝，您要买哪种？"

老太太："我正要买李子。"

小贩："那您可来对了。您看我这儿的李子，又红又甜又大，特别好吃，您来点吧！"

可是老太太看了一眼，却摇头走开了。小贩很是疑惑，老太太想要买李子，自己的李子这么好，为什么没有成交呢？

很快，老太太又到了第二个水果摊位。

第二个小贩："老太太，您要买什么水果？"

老太太："我想买李子。"

第二个小贩："那您可来对地方了。我这里的李子呀，有大的有小的，有酸的有甜的，您要买哪种呢？"

老太太："那太好了，我就想买酸的。"

小贩："我这一筐李子是酸的，特别酸，您要尝尝吗？"

小贩说着，从筐里拿着一个李子递给老太太。老太太一尝，

> 果然非常酸，兴高采烈地买了5斤。原来，老太太的儿媳妇怀孕了，特别想吃酸的，她这才到处找酸李子。
>
> 小贩听老太太说起想买酸水果的原因，灵机一动，又推销起其他水果。
>
> 小贩："您对您儿媳妇真好，其实呀，孕妇在这个时候只吃酸的是不够的，还要补充维生素。您看这猕猴桃，维生素丰富，保证您儿媳妇吃了之后，给您生一个聪明可爱的大胖孙子。"
>
> 老太太听完相当高兴，又愉快地买了5斤猕猴桃。

无论是服务或是产品，最终目的都是让目标客户买单。客户买单的深层次原因，就是服务或产品解决了他们的问题，满足了他们的需求。就像前面案例中的老太太，酸李子满足了她儿媳妇"想吃酸"的需求，猕猴桃满足了她想为儿媳妇"补充营养"的需求。需求挖得准，痛点切得好，不用费什么力气，自然成交。

那么，如何才能挖掘到客户的需求呢？一般来说，有四个方法可以借鉴。

一是要由大到小。你对客户了解得越清楚，客户对你越信服。什么叫深入？就是由大到小，从宏观到微观，让颗粒度足够精细化。简单来说就是，从大处着手，认准方向，细细往里深入，满足客户的一切需求。

二是要由点知面。销售人员要有很强的洞察和推理能力，能够由点知面、一叶知秋。比如，你卖一款软件，只了解软件使用部门的痛点够吗？显然不够。聪明的销售人员会再问一问财务部门、营销部门或者其他相关部门，了解他们对软件有什么需求。了解得越多，客户痛苦放大得越大，越容易建立长久的关系。

三是由近推远。在销售过程中，你要想深入了解客户需求，就不能只看到当下问题，而是应该放远眼光，看到更远的地方。比如说你去医院看病，医生给你提供了两种治疗方案：一种保守治疗，不用手术，没有痛苦，但未来可能会复发；一种是手术治疗，有一点风险，会很疼痛，但手术之后不会复发。你选择哪一种？你的客户又倾向哪一种？如果只有第一种方案，客户会满意吗？你只有由近推远，把第二种方案也拿出来，才是挖到了客户的需求，因为多数客户会选择第二种方案。

四是要辨伪存真。毫无疑问，在与客户沟通过程中，客户会说假话。这个可以理解，因为客户也要考虑自己的利益。比如，客户说我想要一个便宜一点的，这句话是什么意思呢？是嫌贵，还是了解过别的品牌，做过对比？当然，也有可能只是试探你的底线。作为销售人员，如果想真正挖掘出客户的需求，一定要学会鉴别客户的话，辨伪存真。

总之，销售人员只有深挖客户的真实需求，才能推出更好的服务或产品，否则只能是自娱自乐。

第2节
核心价值：
一切为了"解决问题"

》爆单痛点

经常跟你保持联系的客户，为什么忽然之间又不跟你交易了呢？你以为他不需要用这类产品了，可他转身就购买了别人的产品。别问客户为什么，这大概率是你的产品不能解决对方关心的问题。

》成交法则：用超预期的方式解决所有问题

产品的核心价值，就是这个产品存在的意义。它要么满足客户需求，要么解决客户遇到的问题，需求也就等同于问题。只有能帮助客户解决问题，这个产品才变得有意义，否则就是失败的产品。

当然，如果想让成交更容易，单纯地解决问题还不够，在激烈的市场竞争下，这只是"做得可以"，而不是"做得特别好"。**既然产品存在**

的意义是为了"解决问题"，那就要做到超预期地解决客户的问题。

» 实战演练

在某电动车专卖店里，年轻的销售员又成功卖出去三辆电动车。她出色的业绩，让同事们羡慕不已。一位新来的销售员直接跑来取经：

"姐，你一个月卖出去的电动车，已经超过我半年的销售量了，你是怎样做到的？这有什么窍门吗？能不能教教我？"

年轻的销售员笑了笑，说："其实很简单呀，你只要记住——产品的核心价值是为了帮助客户解决问题，这就够了。"

见新来的销售员还一脸茫然，年轻的销售员又说：

"这样吧，等一会儿来人了，你在一旁看着，看我怎么做。"

过了一会儿，果然又有顾客进门，四处看车，年轻的销售员连忙迎上。顾客走到一辆新款电动车前，停下了脚步。

顾客："这辆电动车怎么样？"

年轻的销售员："帅哥您好，您的眼光真好啊。这款电动车是今年的新款，是我们店里这两个月卖得最好的。我冒昧问一下，是您自己用，还是送亲友？"

顾客很好奇："怎么，这还有区别啊？"

年轻的销售员："当然有区别啦！如果自己用，我给您推荐性价比高的，物美价廉，经济实惠；如果是送礼，肯定是外观漂亮的，这样更有派头。而且，您自己用，也是有区别的。您是做什么职业的呢?"

顾客更好奇了:"买电动车,还跟我的职业有关?"

年轻的销售员:"是的,不同的职业,我给您推荐的也不一样。比如说,外卖骑手,他们要求的是踏板要大,行驶要稳。有些销售人员,因为总要往外跑,需要长时间驾驶,那就得推荐续航能力超强的车。如果您是上班族,那就推荐您使用那边那款小巧玲珑型的,既好看又实用,还可以折叠起来带上地铁,解决您最后一公里的出行问题。"

听了年轻销售员的介绍,顾客这才明白,笑着说:"原来如此。我来买辆电动车,你们这是要把我摸得清清楚楚啊。"

"这样做是为了更好地服务您。"年轻的销售员说,"任何产品,都是为顾客服务的,都是为了帮助顾客解决问题的。了解清楚您的需求后,我们才能进行下一步的推荐呢。"

果然,了解清楚以后,年轻的销售员给顾客推荐了最合适的电动车,而顾客也极为满意,痛痛快快地下单了。

产品的核心价值让产品变得有意义,在于它提供的解决方案能够真正解决客户遇到的问题。这个方案能够清楚地阐释出客户遇到的问题将会如何被产品解决,客户将会获得怎样的价值。如果产品不能解决客户的问题,或者说解决方案没有对症下药,那么这个产品将变得毫无意义,是个失败的产品。

因此,产品要想成功卖出去,帮客户解决问题的核心价值一定不能丢掉。如果客户没有遇到问题,那你就要重新探索,发现并解决问题。

比如，克莱·克里斯坦森曾试图提升奶昔的销售量，为此他做了很多尝试——让奶昔的味道更甜、提供更多不同的口味等。他甚至还改变了杯子的尺寸，以期待客户能更满意。但遗憾的是，一系列措施后，奶昔的销量并没有获得提升。哪里出问题了呢？通过走访，他找到了真正的原因。原来客户购买奶昔，是因为早上开车上班太无聊，而黏稠的奶昔不仅可以让他们长时间慢慢饮用，还能填充他们的胃。于是，他改变策略，让奶昔更加黏稠，销量终于上去了。

产品的核心价值，一定是能解决用户的问题。只有切实解决了用户的问题，产品才有价值，客户才会接受。你的产品，能帮客户解决问题吗？

第3节 卖点与优势：产品属性、优势和顾客利益

» 爆单痛点

发现客户有购买需求，费尽心力给他讲产品、谈合作，眼看着快要成交，客户却抛出了致命问题——"你的产品和市场上的产品相比，没什么优势啊，我为什么要选你的？"

太难了！你了解自己产品的卖点与优势吗？

» 成交法则：产品属性、优势和顾客利益

从产品的角度讲，你的"卖点"永远只有三个，即**产品属性、优势和顾客利益**。产品有什么属性？质量好，效果好，还是安全、环保？产品有什么优势？是比别人的更快、更省电，还是更耐用？能为顾客带来什么利益？健康、养生，还是其他？

找出这些点，突出它、强化它，你的产品就有了卖点与优势，也就有了成交的本钱。

» 实战演练

某国际品牌专卖店，有一款全自动书柜，价格高达 3 万元，但高端智能，且安全性高。很多人以为这款书柜销售量可能不高，可恰恰相反，其销售量明显高于一些中低档书柜。因为销售人员总是着重突出这款高档书柜的卖点，让其在众多同质化产品中脱颖而出。

一位身穿高档休闲服的男士前来咨询，询问价格后，露出吃惊的表情，转身就要走。

销售人员张莉立即微笑着说："没错，先生。这套书柜真的不便宜，但我们这里的书柜是国际高端品牌，是针对一些像您这样的成功人士设计的。您可以先了解一下，不买没关系，以便于您选择时进行对比，您说是吗？"

男士停下来，目光在这款书柜上停留几秒。

张莉接着说："先生，您有没有发现，这款书柜与其他品牌的书柜有什么不同？"

男士饶有兴趣地问："有什么不同？"

张莉拿来一款遥控器，轻轻按了一下，然后引导着男士说："先生，正如您看到的，这是一款全自动书柜。另外，书柜门是德国原装进口的钢化玻璃，目前在国内只有我们一家采用，它使用最新的技术制作而成。"

简单阐述后，小张拿出一把橡胶锤在一块样板玻璃上敲了又敲，又用一把刀子划了几下，然后说："您看，这玻璃非常坚固，且不容易出现划痕。如果您家有小孩，既不用担心孩子打破玻璃，伤到自己，也不用担心他顽皮，划花玻璃。"

于是，张莉凭借"提炼"出来的卖点和优势，俘获了男士的心。

我们现在知道，产品的卖点与优势会让顾客有下单的欲望，那么问题来了，在做产品营销时如何挖掘产品的卖点与优势呢，尤其是核心卖点与优势？

方法只有一个，那就是在多个纬度上挖掘差异化。每个产品都是有很多差异化、卖点及优势可挖掘的，无论是产品属性还是优势和顾客利益，都有很多点可挖，关键看你如何去挖。挖到之后，要找到核心的卖点与优势进行打造，这样才能抢占用户的心。

当然，千万不要忘记放大卖点与优势，10倍、100倍，把卖点与优势打造到极致，才能牢牢拴住顾客。

第 4 节

附加价值：

如何给客户制造超出预期的产品体验

» 爆单痛点

客户体验了产品，你满心欢喜，以为很快就能拿下这一单，可没有料到，一盆冷水迎头泼下。客户告诉你——"体验完了，感觉这个产品也就一般吧，没有想象的那么好"。完了，这一单可能又要泡汤了。

没有超预期的产品体验，客户凭什么掏钱买单？

> » **成交法则**："预期效应"，用超出预期的产品体验，赢得客户的好感

心理学家廷波克在1928年通过猴子实验，研究发现人类和动物的行为不是受他们行为的直接结果所影响，而是受他们的预期行为将会产生什么结果所支配。

心理预期＞现实时，人们会感到"失望"；现实＞心理预期时，人们会感到惊喜、开心和满意。因此，你一定要用超服务的产品体验，让客户惊喜、开心和满意，这样离成交就不远了。

▶ 实战演练

在给顾客制造超出预期的产品体验这方面，小米做得非常好。小米的一款插线板，一经推出，就瞬间用超预期的体验俘获了一大批用户的心。

它是怎样做的呢？

这个插线板有一项功能很贴心，就是保护儿童安全。小孩子一般好奇心都很重，活泼好动，还喜欢拿着东西到处捣乱。有些小孩子，甚至偷偷拿着东西往插孔里面伸，这样做十分危险。为了防止这种危险情况的发生，有经验的妈妈会用透明胶带把家里的各种插线孔堵住，保护孩子。

针对这种情况，小米在每个插孔上都加装了独立的安全门，小孩子就算拿一根铁丝也插不进去。这样，就最大限度地保护了孩子，避免他们触电。

这款插线板还有一个功能，专为平板电脑服务。很多用户家里都有平板电脑，而平板电脑充电时间一般会长一些。这个插线板的USB接口在给设备充电时，能自动识别平板电脑，提供2安培快充。这对平板电脑用户来说，是一项很实用的功能。

除了这两个超预期外，小米在最后又给了用户一个大大的

> 惊喜——这样一个高品质、安全性高，又带有黑科技的插线板，售价竟然很便宜，甚至比市面上普通的插线板还便宜。
>
> 可以说，这个产品真的给客户带来了超预期的产品体验，客户能不选择、能不买单吗？

一般来说，顾客在下单前都能预期到能得到的服务——进饭店吃饭，服务员的热情招呼、端茶送水、答疑解惑……到酒店下榻，工作人员的房型介绍、房间引导、卫生清洁……这些服务或产品都是在预期内的，应该得到的，当然，得到了也不会有任何惊喜。

但是如果得到的超出了客户预期，那就是大大的惊喜了。比如，进餐馆吃饭，不仅有饭吃、有茶喝，还有小礼物拿，甚至还有红包、生日祝福，那是不是就是超预期了呢？是的。产品体验超出预期，客户惊喜，成交会更容易。

总结起来，要想让客户得到超预期的产品体验，可以从以下几个方面着手。

产品超预期。客户选择产品时都会有自己的心理预期。比如，前面案例中的插线板，一般客户对它的预期就是能使用、质量好、价格便宜。但是当产品到手后，客户发现它不仅能快充平板电脑，对小孩还很安全，价格便宜……这就是产品超预期，会让客户喜欢。

服务超预期。与产品配套的自然就是服务了。在购买产品的过程中，服务舒适、贴心、超出客户预料，也能收到良好的效果。比如，客户住酒店，原本安心入住就可以了，但酒店门口有人帮着提行李，进入房间后有水果赠送，每个细节都很到位……这是不是就是服务超预期了呢？

细节超预期。在现在的销售过程中，多数客户很注意细节。超预期的细节，会让客户感觉满意。比如，你在网上购买一件商品，不仅商品质量好，而且还收到了很多赠品，每样赠品都充分考虑到了你的使用需求。这样的体验，你能不满意吗？

惊喜超预期。如果除了商品之外，你还能给客户带去更多的惊喜。比如，新年礼物、礼品券等，超出了客户的心理预期，定然会让客户有非常好的产品体验。

第5节

竞品分析：
卖家不但要懂客户，还要读懂竞争对手

» 爆单痛点

与客户谈生意，眼看快要成交，客户却突然反悔了——"你的这个产品，不如××牌子的"。客户搬出同类产品，你怎么破？

» 成交法则：知己知彼，百战不殆

"<u>知己知彼，百战不殆</u>。"这句古老的军事名言，一直被奉为兵家至理。当然，在销售中同样适用。它不仅要求你了解客户，更要了解竞争对手。

因为竞争对手不仅是一面镜子，可以毫不留情地照出你的缺点，帮助你更好地认识自己、完善自我、提高境界，同时，他们还有可能比你更了解用户、了解市场，营销方法比你更有创意。他们是对手，更是榜样。

》实战演练

老张是一家国产品牌润滑油代理销售公司的推销员，很有销售经验。一天，他根据公司分配的线索，来到一家汽车修配厂。他发现这家汽车修配厂所处的地理位置很好，临近主要交通干线，来往的车辆很多，生意十分火爆。这么优质的客户，他很想拿下。

可是经过调查后，他却发现困难很大。为什么呢？因为这家汽车修配厂已经打上了另一个外资品牌润滑油的大招牌，而且货架上摆放的几乎全是外资品牌的产品。很明显，汽车修配厂已经和那个外资品牌达成了合作。

面对一个强有力的竞争对手，老张没有贸然行动，而是打算先探听一下外资品牌的情况，然后再采取相应的对策。很快，他就从旁边的商家那里了解到，汽车修配厂代理那个外资品牌的润滑油已经有两年之久了。修配厂之所以愿意代理外资品牌的润滑油，是因为对方免费为修配厂制作了一个大型的广告招牌。这块广告招牌竖立在外面，来往车辆都能看见，这为修配厂招来了很多生意。当然，这块大招牌也为那个外资品牌做了宣传。

掌握了对手的情况后，老张更有信心了。他及时返回公司进行了汇报，并根据对手的情况，提出了比对手更具有吸引力的方案。他的方案得到了公司的批准。于是，他带着方案，再次来到汽车修配厂，并找到了老板。

老张开门见山："老板您好！我是某国产品牌润滑油代销

售公司的推销员,我想向你介绍一下我们的产品。"

老板:"不用介绍啦!外面的大招牌你看到了吧?我这里一直在代理某外资品牌的润滑油,合作得很好。再说了,顾客也比较信得过国外的品牌。"

老张:"如果我没有说错的话,您之所以与那家外资品牌达成合作,就是因为外面的那块招牌吧?还有就是价格上的优惠。您答应对方,招牌至少要挂两年。"

老板:"你了解得很清楚啊!没错,是这样的。他们开出的优惠条件不错,大广告牌对我这里来说,也是很好的宣传。再说,都是老客户了,我很乐意继续与他们合作下去。"

老张:"如果我们愿意给出同样的优惠,再免费为你们制作两块特大招牌呢?"

老板有些心动:"条件不错,我还要再考虑下。"

老张:"每年再给每块大招牌2000块钱的电费,您看怎么样?"

老板:"好吧,我这块招牌也快过期了,是该考虑换换了。"

就这样,老张与汽车修配厂的老板达成了协议。从此以后,这里货架上的润滑油换成了老张公司的产品。

在营销过程中,你一定会遇到竞争对手。当遇到竞争对手时,最聪明的做法是怎样的呢?1000个人可能有1000种应对方式。

有的人视竞争对手为敌人,总是带着敌意,老死不相往来;有的人拼命寻找竞争对手的致命弱点,千方百计诋毁对方的声誉,不择手段地争夺地盘和市场。当然，还有的人选择主动屏蔽，无视竞争对手。

这些方法其实都不可取。恶性竞争的结果，必然是两败俱伤。无视竞争对手，则可能永远打不过竞争对手。成功心理学告诉人们，要多了解竞争对手，读懂他们，学习他们，才有超越他们的机会。

一般来说，要想了解和读懂竞争对手，要从以下几个方面着手。

最基本的是要先了解竞争对手产品的质量、性能数据。产品是你与竞争对手交锋的武器，掌握竞争对手产品的质量、性能数据，更利于优化自己的产品，面对客户时也更有说服力。当你的产品的质量、性能都优于竞品时，客户是看得见的。

你还需要了解对手的产品价格。价格是产品的基本属性，也是客户看重的地方。客户在进行购买时，往往会"货比三家"。在双方接触的过程中，即使客户相信你的产品的性能优、质量好，但价格高于同类产品时，他们往往也会犹豫不决。当你详细了解过竞争对手的产品价格后，就可以灵活地控制局面，并适时地调整自己的产品价格，以促成交易。

最后，你还需要掌握竞争对手的市场运作方式。产品的市场运作方式，在很多时候，往往直接影响客户是否接受你的产品。当你的产品的市场运作方式不符合客户需求的时候，哪怕你的产品再好，客户也会觉得不适合，自然就无法成交。因此，你需要瞄准竞争对手，学习他们的产品销售、操作、运营等市场运作方式，因为他们的产品与你的产品最接近。

如果你能够对竞争对手的市场运作方式有一个较为准确的了解，学习其优点，并据此适时调整自己的市场策略，那将会收到意想不到的效果。

第 6 节
物流管理：
如何给客户制造很美好的收货体验

» 爆单痛点

客户收到货后，明明对产品评价很高，但却表示"以后再也不想买你家的产品了"。为什么会这样？这一定是"收货"环节出了问题。

你要怎样做才能给客户制造美好的收货体验呢？

» 成交法则："峰终定律"，"终"比"始"更重要

"体律"，是指**人们对体验的记忆由两个核心因素决定：一个是过程中的最强体验，也就是"峰"；另一个是最后的体验，也就是"终"**。人们对一项事物的体验之后，所能记住的就只是在"峰"与"终"，至于其他的，则常常忘记。

在成交过程中，很多人常常只注重"峰"，给客户提供最好的产品与

服务，笑脸相迎，但常常忽略了"终"。实际上，美好的收货体验，更是俘获客户的关键一环。

》实战演练

　　一次糟心的收货体验，让小丽再也不想购买某品牌的衣服了。她的整个体验，是这样的。

　　下单之前，她反复跟商家强调，衣服要尽快送到，因为天冷了，孩子上学要穿。商家答应了，说会督促尽快发货，早日送达。然后，问题就出现了。

　　先是过了三天还没有发货，小丽从网上看到后当时就急了，就向商家确认，得到的回复是：由于大雪，无法发货。好吧，特殊天气，可以理解，那就再等等。哪知一等，又等了十天。在她的一再催促下，商家才迟迟发货。

　　又耐心等了四天，网上显示货到了，然而快递却送到了隔壁小区。小丽无奈，只能在第一时间联系派送员处理，让送到自己小区的快递柜。折腾了两天，快递员只是答应，却一直没有行动，导致快递柜一直提醒超时。

　　小丽快气疯了，想着求人不如求己，于是赶在周末，骑着电瓶车去隔壁小区取快递。更糟心的事又出现了——好不容易找到别人小区的快递柜，显示却没有包裹。没有办法，她只好再次打电话给派送员，询问情况。

　　派送员一听，脾气比她还大，硬说快递自己早就放在了正确位置，而且客户已经签收。他觉得小丽是故意找碴儿，想诬陷自己。

无奈之下，小丽只好把快递柜催促取件的信息截图发给派送员，对方这才相信，说要再去查查。又等了快一个小时，派送员才打来电话说，快递在小区另一个门的快递柜里。没办法，小丽只好骑着电瓶车，冒着严寒，又找到了另一个快递柜，花两块钱的超时费才拿到了自己的快递。

事情完了吗？并没有。取到快递的一瞬间，小丽顿时火冒三丈——衣服包装的袋子不仅破了，而且上面湿漉漉的，还沾了很多泥巴。这是衣服啊，搞成这样，谁还愿意穿？

小丽气不过，把快递拍照发给商家，并告诉对方自己有两个地方不满：一是派送员送错地址；二是快递包装破了，而且很脏。她希望商家能解决这两个问题，不然太难受了。哪里知道，商家居然问她是不是把地址写错了……

虽然衣服不错，但小丽还是决定以后再也不买这家店铺的衣服了，因为收货体验实在是太糟糕了。

在日常生活中，处处都有用户体验——你买了瓶水、打了辆车、去了趟超市等。这些产品或服务都会给我们带来一定的感受。

比如，买瓶水，你可能觉得这瓶水的设计很合理，喝着很方便，感觉不错。再比如，打了辆出租车，你觉得司机态度不好，服务不周到，路线走得也不对，心里就会很不舒服，这时体验很不好。好的体验或坏的体验，会影响你对产品的看法，甚至影响复购的概率。

营销过程中，很多人只把重点放在产品本身，认为产品好，客户就会喜欢，客户体验感就会好。这种认知，当然不全面。产品好只是客户满意的一个因素，还有很多其他因素。比如，销售的态度、产品的附加值、产品的售后服务等。当然，还有一个很重要的收货体验。

有些人认为，交易完成后，才会有收货体验。它对成交没有任何帮助，并不重要，其实不然。收货体验虽然处在成交的最后一环，但它往往能够影响客户对整个交易的感官。收货体验不好，前面做得再好，客户也会感觉不好，轻则退货，重则投诉。当然，也会影响客户下一次的复购，体验不好，谁会再次购买呢？

那么，如何才能给客户制造美好的收货体验呢？一般来说，要从以下几个方面注意。

首先，了解客户需求。通过市场调研、用户反馈等方式，了解客户的需求和期望，为客户提供更好的服务。比如，客户想用什么样的物流等。

其次，简化流程。要让客户下完单后第一时间就能拿到产品，降低客户拿到产品的难度。

再次，提供卓越的物流服务。为客户提供高质量的物流服务，包括准时、及时、安全等。要及时回应客户的问题和反馈等，并提供准确、有效的解决方案。

最后，注重细节。要从客户角度出发，考虑客户的需求和期望，提供更加人性化的产品和服务，方方面面都要考虑到，让客户满意。

当然，如果能在客户收到货之后再适当给一些小惊喜，那就更完美了。

CHAPTER 03

第三章

品牌的逻辑

换取信任,赢得忠诚

第1节

品牌营销：
核心是提供价值，而不是卖东西

》爆单痛点

好不容易把产品卖出去，你以为成交完成，利润到手，哪里知道客户却反馈——"你这产品不行啊，一点用都没有！"

客户能为没有价值的产品买单吗？

》成交法则：价值是产品的生命

市场竞争有两个方面：一个是关于产品的竞争，另一个是关于品牌的竞争。产品制造于工厂，是摆在货架上，为顾客解决问题的；品牌创造于心智，存在于顾客的头脑之中。前者我们很清楚，能解决问题的产品，就能得到顾客的喜欢。那么后者呢，品牌如何存在于顾客的头脑之中？

其实，最重要的核心是提供价值。**无论是情怀也好，故事也罢，**

还是格调、荣誉等，都比不上价值更能深入人心。

》实战演练

　　一天，一位销售员被分配到一条客户线索。这条线索里，客户画像信息非常清晰、完整，销售员觉得这单达成的概率很大，于是立刻联系了客户。由于前面已经有线索拓展同事进行了铺垫，所以销售员几乎没有费什么力气，就约到了客户。

　　销售员如约到达客户公司，发现除了自己以外，客户还约了其他几家友商。

　　交流开始，友商们介绍了自己公司的产品。销售员也不例外，详细地把自己公司的产品从头到尾演示一遍。最后，客户又问了几个问题，销售员也都一一回答，沟通进行得很顺利。

　　最后，客户表示，三天后他会再邀请几个业务层面的同事，一起再沟通一遍，并请这位销售员也来参加。销售员觉得，这单生意应该十拿九稳了。

　　三天后，当这位销售员再次如约来到客户公司，又演示了一遍产品并给出最终报价后，结果并没有像他预期的那样。他回去后的第二天，就接到客户电话，被告知其他公司的产品更好，价格更低，客户已经选择与其中一家供货公司签约了。

　　真的是因为别家公司的产品更好，价格更低吗？并不是。这位销售员很不服气，通过朋友辗转了解到客户的真实想法。原来，客户和其同事们一致觉得，销售员一直在卖产品，说产品

> 如何好，压根儿没有提到这款产品比其他同类产品优质在哪里，能提供什么价值，而他们需要的只是产品提供的价值。

营销成功的本质是先义后利，即要先为顾客解决问题，创造价值，最终才能达成交易，获得利益。这里的"义"，指的就是产品向顾客传递的独一无二的价值。企业所有资源的付出，让顾客感受到了产品的内在价值，而顾客的喜欢和回馈，成就了品牌。这条通道一旦打通，产品自然而然就卖出去了。

一定要明白，品牌营销的核心是价值，而不是卖东西。

如果把卖东西当成营销重点，忽视了价值的重要性，客户解决不了问题，产品也就成了"花把式""面子工程"，谁还肯买呢？

第 2 节

品牌形象：
三观与人设，不能偏离大众审美

» 爆单痛点

产品外观好、质量好、功能全，你以为卖出去轻而易举，但顾客却又来打脸了——"这个牌子的产品，再好我也不用！"

人家为什么不买这个牌子的产品，你心里没点数吗？

» 成交法则：所有购买行为都是情感驱动的结果

所谓品牌三观与人设，其实就是来做情感共鸣的。品牌就像一个人一样，它有自己的三观、性格、情感，生活在很多人能看得到的地方。**消费者认同它的三观，觉得它是一个"有个性"或者"正直"的人，就愿意和它做朋友，成为它的忠实用户**，盼着它好，成为品牌的传播者。这是情感共鸣。

反之，消费者一听到它的名字就心生反感，那么产品再好，恐怕也无人问津。

》实战演练

2021年，某知名汽车品牌竟然公然挑战"大众审美"，引起了轩然大波。它在宣传广告中用"眯眯眼"的模特妆效做宣传。

广告一经播出，立即冲上热搜并引发社会争议。网友们的质疑声铺天盖地，就连《人民日报》也公开发声：多角度思考"眯眯眼"事件带来的社会争议。

一个"眯眯眼"，为什么会引起网友的质疑和愤怒呢？因为在网友看来，这是品牌方为了迎合西方消费者对东亚人的样貌定义，刻意装扮出的"高级脸"的妆容。而实际上，国人的审美绝非如此。绝大多数网友认为，该品牌就是在公然挑战"大众审美"。

近几年，有关"眯眯眼"惹争议的事件时有发生。不少知名品牌在其产品的宣传海报中，屡屡使用"眯眯眼""厚嘴唇"等妆效的模特。虽然选择什么样的模特是品牌方的自由，但任何三观与人设偏离大众审美、迎合西方的行为，必然会引起大众的反感与摒弃。

一个良好的品牌形象，是为广大消费者所认可，并深深根植于消费者脑海里的感知。它的作用很大，能紧紧地抓住消费者的心，培养消费者对企业的忠诚度。这会让消费者一有需要，就会购买企业的产品和服务，甚至多次复购。

因为品牌的作用巨大，所以，好的品牌形象的树立，应该鲜明、与众不同，能让消费者快速注意到，并深刻记住。但是品牌就像人一样，想让人记住并喜欢，三观与人设一定要正。它代表的是企业对社会公众的一种保证、一种承诺，三观、人设不正，消费者敢去喜欢吗？

另外，三观与人设不仅要正，还不能偏离大众审美。虽然每个人都有独特的审美，但每个时代都有一类大众审美。而且，这种大众审美一定是积极向上且健康的。如果偏离，就像前面的"眯眯眼"一样，消费者不仅不会买单，反而会群起而攻之。

第3节

广告：想要喜闻乐见，就一定要加点创意

» 爆单痛点

辛辛苦苦拍出来的广告，到了大众眼里，却成了白开水一样的东西，平淡、无味。人们看过，转眼之间便彻底遗忘——"你说的那个品牌，我从来没听过啊！"从来没记在心里，又何谈听过？

你的广告"平平无奇"，让人记不住，该怎么办？

» 成交法则：创意是广告的灵魂

在广告设计中，创意的作用就犹如人们在生活中不可缺少的空气与水。广告如果没有了创意，就好像没有了灵魂，空洞、无味，不能直击人心，不能被人们记住。这样的广告，显然是毫无意义的。

反之，有创意的广告，能给人留下印象，让人记住它所传达的信息。

<u>广告越有创意，它的效果就越好，回报率就越高</u>。简单来说就是，它的产品就会越好卖。

» 实战演练

《经济学家》曾有一个经典的户外广告，让人印象深刻。

这个创意设置在马路边，背景是红色的广告板，面板上除了灯泡外，就只在右下角标注了"The Economist"这一品牌名。另外，灯泡除了个头比较大外，也没有特殊的地方。

那么，这个广告的创意到底好在什么地方？为什么能给人留下深刻的印象呢？

在马路边，出现这样一个比路灯大很多的巨大灯泡，势必会引起路人的关注。因此，很多人路过时，都会驻足观看。更为奇特的是，当有人站在广告下面或者从这里路过时，大灯泡就会发光，非常神奇有趣。

灯泡是智慧的象征，而发光的灯泡，又被称为"智慧之光"。这样一个简单的"灯泡"广告，非常符合《经济学家》这本人文社科期刊的品位和理念。当然，最重要的是，广告引起了路人的关注。无论男女老少，路过这里时，都会抬头观看发光的灯泡，并注意到"The Economist"。

这个灯泡广告，其实是利用感应装置来发光的，在技术上并没有太多的亮点。但是，因为加入了很有意思的创意，它却成为大众瞩目的对象。因为它带来的趣味感和满足感，让人们对《经济学家》的品牌产生了更加深刻的印象。

广告最基本的目的，就是要"广而告之"，让消费者知道并产生购买欲。要达到这一目的，最直接的方法就是要想尽一切办法，用创意吸引消费者的注意力，同时使之印象深刻，难以遗忘。越好的创意，越能让消费者记住，所起的作用也就越大。

那么，好的创意，应该从哪几个方面表现呢？

一般来说，三个方面：一是构思要大胆新奇，这样才能引起消费者注意，调动消费者情绪；二是形式要简单而突出，能在瞬间吸引受众的眼球，效果往往更好；三是要表现独特而具有个性，这会给人带来强烈的视觉冲击力，深刻记住。

当然，具体想到什么样的创意，这需要交给你的脑袋。

第 4 节

品牌故事：

吸引大众，让人心生渴望

» 爆单痛点

产品做得很好，也能满足消费者的需求，可消费者为什么还是不愿意买单呢？因为产品和消费者之间缺少了一种情感上的连接——"好产品多的是，我喜欢谁，就买谁的产品"。

如何让消费者喜欢甚至忠诚于自己的品牌？讲好品牌故事。

那么，又要如何去讲品牌故事呢？

» 成交法则：68% 的消费者会被品牌故事影响他们的购买决定

有研究发现，**68% 的消费者会被品牌故事影响他们的购买决定，引人入胜的品牌故事会让客户对公司的忠诚度提高 20%**。这就是品牌故事的威力。

简单来说，品牌故事其实就是浓缩了品牌理念、精神和愿景的，有情节、有趣味、有意义，还有情感的好听的故事。它不仅能传达品牌的理念与梦想，还能与消费者建立情感连接，赢得好感，获得忠诚。

» 实战演练

55度杯创始人贾伟，曾经讲过一个关于55度杯的故事。

2014年一个周六的下午，贾伟和父亲陪着两个孩子在家看动画片。玩了一会儿，小女儿渴了要喝水，他的父亲麻利地去厨房倒了一杯刚烧开的热水，想着等温度降下来再给孩子喝。考虑到水太热，怕孩子被烫到，老人还特意把杯子放到桌子中间。

哪里知道，意外还是发生了。孩子太渴了，于是便在桌旁跳起来，伸直胳膊去够杯子。结果，杯子上的拉绳被猛地一拽，杯子倒了，满满一杯的开水，全泼到了小女儿的脸上和胸口上，瞬间皮开肉绽。听到小女儿的惨叫声，两个父亲瞬间都傻了。

在送往医院的途中，孩子疼晕了两次。更糟糕的是，医生说烫伤很严重，需要治疗，而且考虑到孩子太小，不能控制自己，所以要绑着手脚。对于一个一岁半的孩子来说，这无疑是一场大灾难。

听到孩子撕心裂肺的哭声，看到病房里全是被热水烫伤的孩子，每个孩子都在痛苦地叫着，贾伟泪流满面，陷入了痛苦的沉思：一个简单的喝水，到底烫伤过多少人？又有多少人将要被烫伤？能不能改变这种情况？

作为一个获奖无数的产品设计师，他陷入了没有保护好孩子的自责中。他觉得，自己要做点什么，让孩子们尽量免于被烫伤。

在这之后，他用了三个月的时间，设计出了一款55度杯。这款杯子最大的亮点是，倒上开水，摇晃一分钟，水温就可以降到55度左右，一个有些烫嘴却不会烫伤的温度。

在这个品牌故事的加持下，产品一上市，就戳中了家长们的需求，被妈妈们喜欢，被孩子们喜欢，成为一个超级爆品。

为什么一个好的品牌故事能赢得客户好感，提高忠诚度？很简单，因为人人都爱听好听的故事。好听的故事，往往具有趣味性、娱乐性和自主传播性，一个与品牌理念相契合的好听的故事，也会因这些特质而吸引目标消费者，引发传播。更重要的是，在消费者感受品牌故事的过程中，品牌信息也会潜移默化地植进消费者心中，情感连接就这样建立起来了。

因此，成功的品牌，一定都是善于讲故事的高手。好的品牌，比任何广告都更能深入人心，让消费者自发主动地为品牌传播，从而增强品牌形象和吸引力。

你打算怎样讲好品牌故事呢？

第5节

品牌公关：

美誉度需要第三方替你说好话

》爆单痛点

你极力想向客户证明你的产品很好，品牌很硬，滔滔不绝地说优点，又是各种渠道自夸自赞，可忙到最后却悲哀地发现，客户根本就不相信——王婆卖瓜，这瓜能甜吗？

客户不信你这个牌子，你怎么办？

》成交法则："第三者"的话，比你自己的"瓜"更香

由于立场关系，你费尽心力、滔滔不绝、慷慨陈词，把产品夸得天花乱坠，客户也未必会相信。就算产品真的很好，在客户眼里，你的夸奖也有欺骗的嫌疑。这个时候，你需要一个"第三者"。

心理学认为，<u>合适的"第三者"为你说话，对树立你的权威形象</u>

很有效。所以，适当的时候，让"第三者"告诉客户产品的优点和诸多便利吧，客户可能就会相信了，至少比你自己说要强得多。

》实战演练

一个男生，想要追求一个女生。这个女生不管是气质、容貌还是家境、学识，都属于很优秀的那种，但有一点，就是性格比较高冷，几乎不会和男生说话。

男生没有胆怯，而是主动出击，经常去找女生，送花送礼物，嘘寒问暖。虽然每次都碰壁，但他依然没有放弃。但是一段时间后，他却忽然发现，女生不仅没有被打动，反而有些讨厌他了。

这可怎么办？他找好朋友一商量，又有了主意——他把目标转向了女生的闺密。

通过"侦查"，他发现，女生有个特别好的闺密，两人几乎天天见面。而这个闺密，又特别爱玩，泡吧、打台球、旅游，样样精通。他于是在女生的闺密常去的台球厅办了张会员卡，也经常去玩。

一来二去，他就和女生的闺密认识了。认识以后，事情就好办了，他经常和女生的闺密一起打台球，混熟以后，更是一起去泡吧、玩户外。两人的关系越来越好，成了无话不谈的好朋友。

接下来，就是女生的闺密神助攻了。她经常有意无意地在女生面前提男生，说男生的好话。在她的好话下，没过多久，女生就打开心扉，接纳了男生。

美国心理学家杰弗里·菲佛教授做过一项实验，他邀请了两组编辑，对一位著名作家的作品进行审核。他让两组编辑审部分文章前言，其中一组读的是其代为转述的作家生平成就，另一组读的则是作家自己描述的成就。很显然，两种描述大不相同。

结果显示，前一组编辑更看好该作家各方面的能力，也更喜欢该作家，而后一组编辑由于看的是作家自己描述的成就，也就评价不高了。

这个实验，证实了人们这样一种心理现象——找到合适的第三方为你说话，对树立你的权威形象很有效。同样的道理，在品牌塑造过程中，有合适的第三方说话，对提高产品美誉度很有帮助。

道理也很简单，自己说自己好，难免会让人产生"王婆卖瓜"的感觉。哪怕你的产品是真的好，别人也会心存疑虑。甚至很多时候，你越说好，别人越是不信，可能还会认为你是在为了自己的利益自吹自擂。但这些好话从别人嘴里说出来，效果就不同了，更容易让人信服。

所以，要想提高产品美誉度，尽量不要自己说，而是要找到一些第三方的支持者，通过他们的嘴，赢得客户的心。

第6节

新媒体：
不可忽视的"红人效应"

》爆单痛点

因为品牌曝光度不够，产品明明很棒，却总是无人问津。竞争对手的产品，明明卖点和优势不如自己的，只因为利用红人做了个广告，就成了畅销品。

你为什么不能利用"红人效应"为品牌造势呢？

》成交法则：用红人营销为品牌带来"破圈式"增量

随着时代的发展，互联网用户在手机上消耗的时长，几乎被各类红人内容及网络热点内容所霸占。红人内容又经常与网络热点内容结合在一起，成为吸引大众眼球的新内容。这种情况下，**每一个拥有强大"粉丝"基础的红人，在各自活跃的领域，也就拥有了巨大的话语权和**

影响力。

因此，借用"红人"的话语权和影响力，品牌可以直达用户，并快速传播。

》实战演练

2011年，来自瑞典的高中毕业生Filip Tysander投资3万美元，成立了Daniel Wellington（DW）品牌，专门生产和销售手表。这个品牌问世后，迅速发展，很快便成为欧洲知名品牌。仅在成立的第五年，其年销售额便已经达到了惊人的2.28亿美元。

DW是如何从一个初创品牌，一跃成为欧洲最受欢迎的腕表品牌的呢？它是靠什么让大众熟知，并喜欢上它的？是靠巨额的广告投入吗？并不是。品牌成立之初，因为没有钱，Filip的投资还不及一些品牌一天的广告费用。那怎么办呢？Filip绞尽脑汁，终于找到了一个好方法，那就是借助社交媒体上的"红人"进行推广。

那是2011年，社交媒体远没有今天发达，但是Filip还是从中发现了"红人"营销的巨大潜力。他发现，Instagram上会聚了各类"网红"，这些"网红"不仅有着较高的颜值，还都很时尚。更重要的是，他们身后有着成千上万的"粉丝"追随。他觉得，如果能借助"红人效应"带来的裂变消费思想，肯定能起到很好的宣传效果。最重要的是，这种宣传方式不需要太大的资金投入。

Filip很快便开始了行动。他在Instagram上寻找到大批风格各异的关键意见领袖（KOL），免费给他们邮寄手表，邀请他们上传带有DW手表的图片，并且加上品牌的标志。免费得到一块精美手表，付出的代价仅是分享一些照片，"网红"们自然欣然接受。

于是，一时间，DW手表出现在各种有格调的照片中。除此之外，DW还通过"网红"为他们的"粉丝"提供产品折扣，鼓励他们购买DW产品。这样的方式，既能传播品牌，提高DW的知名度，又能让"网红"和"粉丝"们有更好的互动，双方皆大欢喜。

通过这种方式，DW在Instagram上有了大量的传播。DW还推出了一波社媒活动，邀请用户在主页晒出自己佩戴DW手表的照片，并参与评选活动。最后的赢家，不仅会出现在DW的官方主页，还能获得一块免费的手表。活动一经推出，便大受追捧，吸引无数用户参加。

经过这一系列的活动，DW在短时间内提高了品牌的曝光度。网络上到处是DW的影子，用户想不注意都难，DW一战成名。

在短视频、直播火爆的今天，社媒红人营销的优势越来越明显。所谓的社媒红人营销，是指通过与社交媒体上的"红人"合作，将他们的影响力和"粉丝"资源转化为品牌推广效应的一种营销方式。

为什么品牌会痴迷于"红人效应"，喜欢利用"红人"来扩展品牌的影响力呢？一个重要的原因是，在互联网技术发展迅猛的今天，"内容营销"

得以扩散开来的基础源自用户流量。"红人"往往都手握海量的"粉丝"资源，有着强大的"粉丝"基础，因此更有话语权。

那么，品牌如何选择合适的方式与合适的"红人"呢？在前面的案例中，DW 提供了一种非常出色的营销策略，值得我们探索和学习。

首先，明确受众阵地。要想找到产品的潜在消费者，品牌首先要做的就是充分了解自己的产品。只有这样，才能找到产品的受众阵地，选择合适的推广平台。DW 之所以选择 Instagram，与其网络红人合作，就是因为这个平台汇聚了年轻、时尚的一代，这与 DW 的品牌基调吻合。

其次，选择合适的"红人"。什么样的"红人"合适自己的品牌呢？不仅要调性一致，"红人"本身还得是品牌的拥趸。DW 是怎样选择红人的呢？他们在 Instagram 上挑选了一大批小量级、本身就喜欢 DW 产品的"网红"合作，而且这些"网红"还会与"粉丝"频繁互动。调性一致、喜欢产品，且与"粉丝"经常互动，这是他们选择的标准，这就是合适，"粉丝"量并不是他们考量的重点。

最后，创新评估方式。对于许多品牌而言，营销活动后，评估活动的成功与否并非易事，但 DW 找到了合适的方法。原来红人们在发布品牌图文后，会在贴文的最后加上专门的折扣码，这样 DW 在后台就可以很容易地进行统计和评估了。品牌在用红人做宣传时，一定要及时评估，这样才能及时跟进、改良，实现更高的购买转化率。

当然，要想利用红人效应持续让品牌曝光，还需要制定长期的红人营销策略。

CHAPTER 04

第四章

渠道的逻辑

广撒网，钓大鱼

第1节

定位法则：
每个人都是你的直接或间接客户

》爆单痛点

为了拿下一个客户，你绞尽脑汁、费尽心力，整天围着对方转，可到最后，还是白忙活一场。你以为客户不好找，可一回头，同事却签下了好几单。

这是怎么回事呢？是你的能力不行吗？

》成交法则：定好自己的位，找对关键的人

要想捕到"大鱼"，你一定要先定好自己的位。你越清楚自己要的是什么，对自己有清醒的定位，你就越能找到实现的方法和明确需要找到的人。

在营销中，<u>你要给自己定位成"捕鱼人"，拿着大网，朝所有人</u>

甩去，因为每个人都有可能是你的直接或间接客户，先拿下他们，再慢慢筛选。

» 实战演练

一位资深保险销售员去客户的公司里拜访客户。在去之前，他已经和客户电话聊过几次，两人相谈甚欢。因此，在他看来，这一单成交不会有什么问题。

在客户公司的走廊里，他遇到一位老太太。老太太似乎有些不舒服，捂着胸口喘气。他见状，慌忙把老太太扶到旁边的椅子上，并给她倒了一杯水。当他知道老太太只是老毛病犯了，休息一下就好时，这才放心离开。

见客户的过程并不顺利，客户忽然临时改变主意，不想购买保险了。经过询问他才知道，原来另一家公司的保险推销员给出了更优惠的价格和更好的保障。看到客户坚定的态度，他知道这个单子是泡汤了。

走出客户办公室时，他不放心老太太，又过去看了看，再次给老太太倒了杯水，这才放心离开。

可是，让他没想到的是，他刚离开没多久就接到了客户的电话。客户说购买保险的事还可以再谈，让他回去。他带着惊喜的心情，又赶回客户办公室，却发现老太太也在那里。

老太太说："不要惊讶，是我叫你回来的，我是他的妈妈。"

老太太指着客户，对推销员说：

> "我听说他拒绝买你的保险，就教训了他一顿。你是一位品质好、心地善良的小伙子，购买你的保险，我们放心。另外，我也想从你那里购买一份保险。"
>
> 千万不要忽略身边的任何人，因为他们都有可能是你的直接或间接客户。

在这个世界上，有千千万万的人。在你身边或是平时遇到的，不计其数，有些人和你关系亲密，有着这样那样的关系，有些人则毫无交集。

在营销过程中，你往往会集中"火力"，向着目标群体"开火"。因为你知道他们，认识他们，甚至对有些人做了详细的调查和了解，认为只有他们才能带来成交。对于周围那些看起来无关紧要的人，你则往往重视不起来。因为在你看来，他们根本和成交毫无关系，过多地关注他们，纯属浪费时间。

这其实犯了营销中的大错，因为每个人都和周边的人有着千丝万缕的联系。你以为清洁阿姨买不了你的电子产品，其实她的儿子刚好可以成为你的大客户；你以为看门大爷学不了舞蹈，其实他的孙女刚好想报舞蹈班……所以，他们都有可能成为你的直接或间接客户。

抛弃了他们，你拿什么提高业绩？

第 2 节

第三者效用：

通过五个人，你就可以找到潜在客户

» 爆单痛点

别人忙得热火朝天，不断约客户，不断成交，你却只能在一旁羡慕——"世界这么大，我为什么遇不到能成单的客户？"

遇不到？不对，你好好找了吗？

» 成交法则：用神奇的"六度分离"，让你找到全世界的客户

"六度分离"理论，指的是**在生活中，只要通过五个中间人，就能连上任何两个陌生人**。换种说法就是，你最多通过五个人，就能够认识任何一个陌生人。

这还说明了什么？你和任何一个潜在客户之间的距离，最多只有五

个人。所以，寻找潜在客户并不困难，最多搞定五个人，你就可以找到一名优质的潜在客户。

》实战演练

小李是一名手机销售员，最近她遇到了一个很令她苦恼的问题。之前她被经理安排在时尚专区卖手机，由于销售的是时尚手机，有很多年轻人光顾，每天的销量很好，提成也很可观。

可是，负责老年专区的销售员辞职了，经理便将她调到老年专区。老年人手机用得少，而且更换也很慢，不像年轻人，只要有新款手机出来，马上购买。这就导致老年专区的顾客很少，生意冷淡。

小李很着急，因为照这样下去，她不仅拿不到多少提成，还有可能完不成业绩，甚至被扣工资。她实在忍不住了，就跑去找经理，希望能调回时尚专区。可经理铁了心要将她留在老年专区，说啥也不同意。没办法，她只好回到老年专区，苦苦等待客户的到来。

一天，有一位大妈找到小李，说自己一年前在这里买的手机好像出了点问题，想让小李帮着看看。

小李原本想把大妈推到维修人员那里，可是一想，自己反正也是闲着，小问题就自己帮着解决了，解决不了再让专业维修人员检查。

小李拿起大妈的手机一看，问题很简单。手机本身没问题，只是大妈不会操作，不小心将设置中的一个选项禁止了。她很快进行了重新设置，手机问题立即就解决了。

大妈见手机修好了，非常高兴，告诉小李，自己还要再买一款同样的手机送给老伴。就这样，小李通过修手机的小举动，赢得了大妈的好感，做成一单生意。

有意思的是，大妈见小李服务态度好，对老年人很客气，心生好感。临走之前，她告诉小李，自己要帮小李介绍很多客户。小李原本没当回事，没想到三天后，大妈果真领着一大群老年人来买手机了。

原来大妈的女儿开设了一个老年人兴趣班，专门教老人跳舞、画画和书法。大妈经常去女儿的兴趣班，同很多老年人都熟识。在她的夸赞下，那些大妈大爷便都跟着她，到小李这里买手机了。

美国著名推销员乔·吉拉德在商战中总结了一套很有意思的"250定律"。他认为，每一位顾客身后大概有250名好朋友。如果你赢得了一位顾客的好感，那就意味着赢得了250个人的好感；反之，如果你得罪了一名顾客，也就意味着得罪了250名顾客。

这很有意思，也说明你的每一位顾客身后都站着250名顾客，那这250名顾客身后又站着多少顾客？这就是说，只要你愿意，完全可以从一名顾客入手，找到全世界的客户。

所以，找客户最直接、有效的方式，就是通过人。每个人身后都有认识的人，他们认识的人，也同样认识更多其他的人。你要善于从身边的人着手，认识的也好，不认识的也罢，利用好了，他们都可以帮你找到潜在客户。

记住，是可以帮你找到任何潜在客户。

第 3 节

乙方法则：

一定要有随时为客户买单的觉悟

» 爆单痛点

带着样品去拜访客户，客户却找借口把你打发了，甚至还会对别人说——"看见没有，又想来掏我的钱包"。

得不到客户的认可，我该怎么办？

» 成交法则：把每个客户都当成"上帝"

心理学认为，**人的本能就是保护自己免受外界的伤害，避免遭受痛苦，而花钱在大部分情况下是一种痛苦**。销售员到客户那里，想让客户花钱购买产品，就是在给他们制造痛苦和压力。所以，大多数客户会本能地拒斥这种痛苦。

那怎样让他们减少痛苦，心甘情愿地花钱呢？把客户当成"甲方爸爸",不要一心想着让他们掏钱,而是处处替他们着想。要想从客户口袋里掏钱,先给客户掏心。

▶ 实战演练

小张是一名保险推销员,靠着为客户用心服务的理念,他的业绩一直很好,拿下过很多其他销售员拿不下的单子。这天,他又接到一个很难搞定的单子——客户虽然有购买保险的必要,但是由于经济困难,一直下不定决心。

客户姓王,四十岁左右。他的妹妹直接告诉小张:"哥哥没钱给孩子入保险的,你来也是白来。"

经过了解,小张很快明白,为什么客户的妹妹这么肯定哥哥没钱购买保险,原来客户以打零工为生,挣钱不多,花钱更是无计划,加之上有父母,下有上学的女儿,一家五口人,根本就没有多余的闲钱。这样的人,能有钱买保险吗?

小张没有气馁,找到客户后,直接把对方约到了外面的小饭馆。点了几个菜后,两人边吃边聊。

在聊的过程中,小张闭口不谈保险,而是闲谈如何挣钱和花钱。他知道,这些才是客户最喜欢听的。他还了解到,客户的工作是专门给建房户挖地基础石头,四处打零工,一天挣200多元钱,一年干200多天活,能挣个四五万元钱,挣钱很不容易。

说起花钱,客户很感慨:"钱很难挣,却很好花啊。我花起钱来,从来没个规划,都是有了就花,没了再挣,结果一年忙到头，也攒不下几个钱。"

小张："这是由于你花钱缺乏计划性，你家里人口多、花销大，到处都要用到钱。如果花钱不节制，存不下钱很正常。这些年来，你是不是几乎没有积蓄？"

客户："对对对，结婚这么多年，一直是钱包空空，偶尔省下一点才能存起来，要不就是只有借给别人的钱，才是攒住的钱。"

聊起这个话题，两人越说越投机。小张给客户提供了两种攒钱的思路——主动攒钱和被动攒钱。

小张说："主动攒钱就是靠自己每月节省，把节余的收入存起来，放进银行。可是，没有压力也就没有动力，就像你前些年，钱边挣边花，并没有存下来。被动攒钱是得有人催着，你不攒就不行，被人追着后面要。我们保险呢，其实就属于被动攒钱，好处很多……"

一顿饭吃下来，两个人成了无话不谈的朋友。临走之前，小张抢着买了单。他对客户说："你也不容易，这一顿饭我请。咱们也算是朋友了，以后有用得着我的地方，尽管开口……"

客户感动得稀里哗啦，觉得小张真够朋友，啥都在替自己考虑，却一直没提过保险的事。他觉得，小张是真的为自己好，于是主动提出要给女儿买份保险，来个"被动存钱"。他还许诺，过段时间存到钱了，也要给家里的两个老人买份保险，买份保障。

在这个案例中，小张没有强迫客户买保险，甚至连过多的介绍都没有，而是真正站在客户的立场上，思考如何为客户存钱、省钱。这样他不仅没有被客户反感，反而让客户感觉到，他是真的在为自己考虑，轻松赢得了客户的信任。

在销售过程中，销售员和客户之间一定会存在冲突。因为从销售员的角度来看，销售的目的，就是要让客户从腰包里掏钱；而从客户的角度来看，他们要尽可能地避免钱从腰包里溜走。那应该怎样调和这个冲突，才能让二者从对立的位置转到同一立场呢？

这里小张用的便是一种乙方思维——全心全意地为客户着想。他没有把自己接近客户的意图仅仅定位在赚对方的钱上面，而是处处为客户着想，把客户的钱当成自己的来考虑，把客户的事当成自己的事来做，把客户当成自己的朋友，甚至抢着为客户买单。这样不仅很容易拉近和客户的关系，而且客户还会觉得，他是在真心实意地提供服务和解决问题，这样客户就会购产品或服务了。

在销售过程中，所谓的乙方思维，其实就是要摆正自己的位置，用十分的付出赢得客户的充分信任。当客户完全信任你时，他们就会解除防备心理，到那时候，成交就是再简单不过的事情了。

第 4 节

回馈法则：

获取利益之前，先讲好价值回馈

» 爆单痛点

一单生意，谈到关键点，眼看就要成交，客户却突然反悔了。客户认为，这对自己根本没有价值可言——"只听到你在谈自己的利益，我能得到什么？"

不先讲给客户什么，只谈自己的利益，你是不是弄反了？

» 成交法则：先利他，再利己

心理学上有个互惠原理，说的是人都不喜欢吃亏，你帮了我，我也要帮你；你请我吃顿饭，我也会找机会请你吃饭。

营销也是同样的道理——你给了客户好处，客户才能让你赚到利益。但是这里一定要记住一个先后顺序，**先给客户价值，再去想自己的利**

益。为什么一定要先满足客户再满足自己、先利他再利己呢?道理很简单,客户的钱袋子,决定着要不要买你的产品,要不要让你赚取利益。所以,无论如何,你要先让客户满意。

» 实战演练

某地产公司新开了一个楼盘,生意不错。

售楼处有个售楼小姐,叫小芳,人长得很漂亮。她每天的工作,就是在售楼处门口等待客户。把客户迎进门后,她会面容僵硬地接待他们,然后给他们介绍区域、地段、户型。她的口才很好,在接待过程中,会滔滔不绝地介绍楼盘的优势。

介绍完了,她会带着客户看样板间。看完样板间回到销售中心,她又会带着客户坐下来,然后是算价格。在这个过程中,她只顾推销房子,没有问任何客户关于购房的意愿和想法。

结果,她每天很忙、很累,业绩却并不理想。很多客户原本是有购买意愿的,但在她的"推荐"下,反而放弃了。

售楼处还有个售楼小姐,叫小桃,长相一般,口才也一般,但奇怪的是,小桃很容易搞定各种客户。在十几个售楼小姐中,她的业绩是最好的。为什么会这样呢?在一次总结大会上,小桃分享了自己成功的经验。

小桃说:"我以前和大家一样,每次也都绞尽脑汁向客户推销房子。但后来我发现,如果只是单纯地卖房子,并不能抓住客户的心。房子摆在那里,客户看得到,有自己的判断。我们不仅

第四章
渠道的逻辑

要给客户看到好的房子，还要为他们解决所有的购房问题和顾虑，还需要为他们提供更多的附加值。只有让顾客获得足够的价值，我们才能卖出房子，获得利益。"

最后，她用一句话总结了自己的销售经验——想赚客户的钱，得先给客户提供足够的价值，欲利己先利他。

很多人认为，销售的本质就是自己把产品的价格、性能、使用方法以及同类产品的优缺点介绍给顾客。这些东西介绍得清楚，顾客如果有需要，自然而然就会买。实则不然，顾客要得到的是价值。

当你喋喋不休地说着产品如何好、价格怎样便宜时，顾客心里想的，一定是价值——我买了这个产品能得到什么，是物质上的、心理上的，还是其他什么。顾客认为价值越高，其购买的可能性就越大。反之，如果顾客感受到价值很小，他是无论如何也不会购买的。

因此，在销售过程中，你千万要记住，别总去盘算自己的利益，算自己能赚多少钱，这些只会让成交变得更加困难。只有给了顾客足够的价值，成交才能自然而然地完成。到这个时候，你的利益自然也就来了。

第 5 节

分钱法则：
你我合作，各自能够激活多少收益

» 爆单痛点

原本跟了很久的单子，只差临门一脚，客户却转身和别人签了合同。你很生气，认为客户没有信用，不讲感情，但是却再次被打脸 ——"谁给的利益多，我就和谁合作"。

你敢说客户错了吗？

» 成交法则：想要赚钱，先学会分钱

想要赚钱，你要记得，一定要先学会分钱。

和谁分钱？如果你做生意，那就和合作伙伴、和员工；如果你做销售跑业务，那就和客户。无论是合作伙伴也好，客户也罢，既然是合作关系，你就要学会先把利益摆在前面。只有给客户足够的利益，他才会

买你的产品；只有给合作伙伴丰厚的收入，他才会尽最大努力助你成功。

事先谈钱不伤感情，合作到紧要关头利益分配不均，那才要命。

》实战演练

> 小张和小何曾是同事，两人在一间办公室里共事五年，成为很好的朋友。小张辞职后，看准市场，想要开办一个培训机构，于是就想到了小何。
>
> 在小张的游说下，小何最终辞职，与小张共同投资开了一家培训机构。创业时，两人签订了《合伙人合伙协议》，约定小张出资50万元，小何出资20万元，按照投资比例共享利润。
>
> 刚开始的时候，两人还能同舟共济、齐心协力，但是随着培训学校逐渐走上正轨，生源稳定，经营状况越来越好，两人之间开始因为利益产生了矛盾。小张利用协议模糊不清的漏洞，一直未向小何分配过任何利润。小何找小张理论，两人为这件事闹过几次，最终不欢而散。
>
> 因为利益分配不均，两人之间的嫌隙越来越大，培训学校也因疏于管理慢慢走了下坡路。最终，培训机构倒闭，两人分道扬镳。

在流行抱团取暖而非单打独斗的时代，合作成了赚钱的主流方式。销售需要跟客户合作，创业者需要跟合作伙伴合作，就算是普通员工，也要跟企业、跟老板合作。那么，合作最重要的是什么？

没错，就是分钱。

合作的目的是赚钱。可是，有多少企业正蓬勃发展时因内部利益分配不均而支离破碎？有多少亲朋好友因为钱的问题最后反目成仇？又有多少销售付出的努力因为一点利益而付诸东流？这样的事情，太多太多了。

所以，要想实现合作赚钱的目的，你一定要明白这样一个道理：要想赚钱，先学会分钱。在合作之前，一定要先把钱的问题谈清楚，这样合作才有了继续的基础。

第6节

二八法则：

着重照顾"VIP"客户

» 爆单痛点

你工作踏实，做事认真，把每个客户都照顾得很好，但到了最后，成交却寥寥无几。反倒是同事，手底下客户不多，订单却一大堆。

这是怎么回事呢？

> » **成交法则**：抓住"二八定律"中的"二"，让少数人成为关键

意大利著名经济学家维佛列多·巴瑞多提出过一个著名的"二八定律"，他指出在任何一组事物中，只有20%是主要的，剩下的80%则是次要的。

在营销中，这个"二八定律"同样适用——**通常大部分的订单来自**

20% 的顾客。这 20% 的顾客，就是你的"VIP"客户。因此，销售人员应该对自己的顾客进行分类管理，这样才能分清轻重、抓住重点，且通过少数重要顾客的成交，赚取大量的利润。

» 实战演练

在佛罗里达的一个小村庄里，有一家很小的咖啡馆。因为位置偏僻，老板也不善管理，这家咖啡馆的生意一直不太好。眼看生意一直不温不火，老板开始思考如何改变。

通过一段时间的仔细观察，他发现，咖啡馆中的大部分利润来自少数的顾客，大多数顾客只是来消磨时间的，偶尔点一杯咖啡，就可以坐一下午。这部分人并没有给咖啡馆带来太多收入。

于是，老板开始重点关注那些给他带来最多利润的客户，并根据他们的喜好调整了菜单和服务，以提高他们的满意度。为了让这一小部分人喜欢，他甚至还专门研发了更多的创意咖啡，增加了各种可供选择的咖啡豆。

这些改变迅速取得了成效。这一小部分顾客因为老板的关注和改进而满意。他们不仅来的频次更高了，还主动把咖啡馆推荐给朋友和家人。咖啡馆声名远播后，一些优质顾客还会专门驱车前来享受咖啡馆的美味咖啡，以及独特的氛围。

在这种情况下，咖啡馆的利润开始快速增加，声誉也越来越好。

这个案例，就是运用"二八定律"获得成功的一个比较好的例子。老板理解并利用了他的顾客群体中最重要的20%，开始做出调整，不再把更多的精力和资源浪费在80%的顾客身上，而是专注于那些给他带来最大利益的顾客。

果然，他的这种方式取得了成功。

"二八定律"适应于任何场合。无论是在工作中，还是在生活中，都存在这样一种"二"和"八"分布的规律。因此，你要学会观察，把那些能给你带来最大收益和效果的20%列为"VIP"，给予重点关注和照顾。

至于那剩下的80%，当然也不能放弃，只不过太多的成本投入就不必了吧。

CHAPTER 05

第五章

沟通的逻辑

姿态比措辞重要，方法比语言有效

第1节

小人物法则：
见客户，如何突破"秘书关"

》爆单痛点

为了拿下客户，你做了很多准备工作，方方面面都考虑到了，自以为十拿九稳，可原本快要成交的单子，却因为客户身边小人物的一句话而丢掉了。

见客户时，受阻于小人物怎么办？

》成交法则：不要得罪客户身边任何一个人，哪怕是小人物

见客户时，除了要对客户保持足够的尊重外，也要尽量做到不得罪客户身边的任何一个人，要拿出最真的态度、最低的姿态、最灿烂的微笑对待他们，让他们心里舒服。

因为这样的人，看似无关紧要，可能无助于你的销售成功，但是**如果他想搞破坏，则可能会让你 100% 失败**。

» 实战演练

一次，某国外大财团想要在某国收购一块土地。

可是，当负责人找到荒地的所有人时，对方却以财团只会赚穷人的钱为由拒不出售。荒地所有人继承了父亲的大笔遗产，很有钱，宁愿荒地闲置，也不愿意出售。

负责人多次派高级主管与荒地所有人沟通，并且愿意以高价购买，但都被对方态度坚决地拒绝了。一时间，谈判陷入僵局。怎么办呢？负责人决定亲自出马，攻克难关。

通过观察，他发现，荒地所有人目空一切，不在乎钱，但却唯独对身边的人很看重。荒地所有人有个亲信，说话很有分量，他提的意见，荒地所有人基本上都会听。这个亲信有个老母亲，住在街头的旧房子里，亲信每个礼拜都会去看望母亲。

负责人知道，突破口找到了。他带上礼物，亲自去拜访亲信的母亲，并且陪她聊了一下午的天。见老人很喜欢有人陪伴，他便隔三岔五，带着礼物去找老人聊天，哄老人开心。

几次之后，老人完全放下戒备心，把他当成可信赖的朋友，并把自己的儿子介绍给他。就这样，负责人和荒地所有人的亲信成了朋友。亲信感念负责人对自己母亲的陪伴，开始不遗余力地帮忙。在他的努力下，荒地所有人很快改变主意，并以相对合理

> 的价格出售了土地。
>
> 　　就这样，一个很难搞定的人，被负责人巧妙地从其身边的小人物身上找到了突破口。

　　在拜访客户时，除了客户外，你还会遇到很多形形色色的人，他的秘书、助理、同事、朋友，甚至一些根本就无关紧要的人。这些人在客户身边，很可能就是你前进路上的一颗钉子，在你猝不及防时跳出来，扎你一下。

　　你一句话没说对，一个动作有些失礼，一个眼神有些冷淡，都有可能在不知不觉中引起客户身边人的不快。那些人不一定是有权的人，但他们的支持或反对对客户的决定往往起着重要的作用，甚至决定着业务的走向。他们其实都是影响业务效果的"关键人物"。

　　当然，如果你能聪明地和他们搞好关系，成交的概率也会大大增加。

第2节

权威法则：

是 X 总推荐我来拜访您的

» 爆单痛点

找到潜在客户，可是如何约到却又成了难题。客户的警惕性会让你抓狂——"你是谁，我不认识你！""有事电话里说，见面就算了吧！"

这个时候，如果有客户信服的人的推荐呢？

» 成交法则：权威人士能够影响"上帝"

权威效应是指**一个人的地位越高，威信越大，他所说的话就越容易引起人们的重视和认同**。这就是所谓的"人微言轻""人贵言重"。

在营销活动中，由于地位关系，或者对你不熟悉，客户很容易出现排斥心理，不愿见你或者听不进去你说的话。这时候，如果你能拿出权威人士的推荐就不一样了，客户的态度可能会立即发生改变。

» 实战演练

> 美国的心理学家做过一个非常有意思的实验，这个实验有力地证明了"权威人士能够影响上帝"这一言论。
>
> 在给某大学心理学系的学生们讲课时，老师向学生介绍了一位从外校请来的德语老师，说这位德语老师是从德国来的著名化学家，并且在化学界有着非常大的成就和名气。
>
> 德语老师表示，要在课堂上给学生们做一个化学实验。
>
> 实验开始了。在实验中，这位"化学家"郑重其事地拿出一个装有蒸馏水的瓶子，说这是他新发现的一种化学物质。这种化学物质虽然透明，但有着独特的气味。然后，他请闻到气味的学生举手。结果，大多数学生举了手。
>
> 学生们撒谎了吗？不，他们并没有。只不过权威人士的话，使大多数学生不忠实于自我的知觉，而认为本来没有气味的蒸馏水有了气味。
>
> 权威人士的影响，就是这么大！

人们在做出某种选择的时候，总是会尽可能地追求其选择的正确性，以避免损失。那么，正确性从哪里来呢？除了自己的判断外，权威人士给出的意见和建议会让他们安全感倍增。因为权威之所以是权威，就是因为在某个领域走在了前面，专业更为出色，所以能让人信服。

在营销过程中，你可以利用权威。如约见客户被拒绝，你可以带着权威人士的推荐再去，客户就会见了；客户对你的产品不信任，你可以带着权威人士的证明，客户可能就信了……不要怕找不到"权威人士"，客户的朋友、领导、长者，客户喜欢的专家、学者等，都可以是为你提供帮助的"权威人士"。

因此，你要学会善于利用"权威人士"，来改善你和客户之间的关系。至于如何找到可以利用的"权威人士"，那就看你自己的了。

第3节

情人法则：

约见客户，要像相亲一样精心准备

» 爆单痛点

约见客户，自以为准备得很充分，哪里知道客户只问了几个冷问题，你便招架不住，不知如何回答了。快要到手的单子，就这样又飞了。

为什么会这样？客户太刁钻了吗？

» 成交法则：见客户前做好准备工作，你就赢了 70%

许多知名的谈判专家认为，70% 以上的谈判技巧在于谈判前的充分准备。这就是说，哪怕你是一个很菜的销售人员，**如果约见客户前用心准备、充分准备，也有 70% 以上的概率获得客户的认可。**

相反，如果你想不出跟客户说什么能赢得客户的认可，其中一个根本原因就是——你的准备不够充分。

» 实战演练

　　小王是某企业的一名销售人员，工作能力很强，但却有一个缺点，就是拜访客户前不爱认真准备。用他的话来说就是——"所有东西都在我的脑子里，还准备什么呀！"

　　这天，他又发现了一个潜在客户，便兴高采烈地前去拜访。临出发前，部门主管让他好好收拾一下再去，他却表示，只是见客户，又不是相亲，用不着刻意打扮。

　　很顺利地见到客户后，他瞅准时机，开始向客户介绍自己的产品。刚开始的时候，他信心满满地向客户介绍自己的产品，并不时劝说客户购买。然而，他却没有想到，客户以前也在这个行业做过，对业务非常精通。

　　听了小王的介绍后，客户并没有因为几句话就购买产品，而是针对小王所在企业的生产规模和能力，以及产品的一些冷门知识进行提问。这一下可把小王问住了，他支支吾吾地回答不出来。问题回答不出来，小王的气势逐渐消退，话语间也漏洞百出。这个时候，客户又抓住小王回答中的漏洞，提出了更尖锐的问题，这让小王更加手足无措……

　　最终，这次拜访客户，以失败告终。临分别时，客户又说了一句让小王更加崩溃的话。客户说："拜访客户，没有精心准备不说，连仪容仪表也没有，你这也太不尊重人了。我想以后，我们不会再有合作的机会了。"

不打无准备之仗，充分准备方能立于不败之地。对于销售而言，一条铁律是：没有做好充分的准备，绝不能去敲客户的门。

准备工作要做多充分呢？一个形象的形容是——见客户前，要像相亲一样精心准备。没错，你要把客户看成相亲对象，从产品介绍到售后服务，从共赢思想到共赢方案，从详细资料到共享资源，每一个环节，都要认认真真，准备妥当。

好的销售员甚至还要在形象上做足准备，仪容仪表，行为举止，都要达到最佳，这样才能给客户留下好印象，提高成交的概率。

《孙子兵法》有云：谋定而后动，知止而有得。每次见客户，都是一场谈判。这场谈判的好坏，将决定着能否成交。因此，在见客户前，你一定要做好充足的准备，像相亲那样郑重，不轻视任何一个客户，这样才能获得客户的青睐，最后实现成交。

第4节

初见法则：

如何在第一次见面就把印象分拉满

» 爆单痛点

跟了很久的客户，在第一次见面后，却突然拒绝合作了，理由是——"见面后，这个人给我的印象不好！"客户的第一印象，决定了单子的"生死"。

如何才能在第一次见面给客户留下好的第一印象？

» 成交法则：学会用"首因效应"赢得客户好感

心理学中有个"首因效应"，指**交往双方形成的第一印象，对今后交往关系的影响**。简单来说就是，第一印象可能并不一定总是正确的，但它一定是最鲜明、最牢固的，并且决定着以后双方交往的进程。

如果一个人在初次见面时给人留下了良好的第一印象，那么人们就愿意和他接近。反之,对于一个第一印象不好的人,在以后的接触中就算他表现不错,人们也会很冷淡。在销售中,第一印象有多重要,可想而知了。

» 实战演练

小赵是某公司的业务代表,身高185厘米,仪表堂堂,口才也好,让很多人羡慕嫉妒。部门经理常说:"小赵是我们部门的门面,以后谈业务,他都参与!"

但这么优秀的小赵,在一次向新客户推销公司新品时却失败了。

原来新客户个子很矮,只有162厘米,尽管小赵初次与他见面做了很多准备工作。比如,非常注意仪表和举止,认真聆听客户讲话,尽量聊客户感兴趣的话题等,但是他却忽略了一个很重要的细节,那就是双方的身高差距。

为了表示与客户的亲近,小赵离客户的距离很近,几乎闯进半米以内了。这导致小赵在兴致勃勃、竭尽全力介绍产品,力图唤起客户的兴趣时,客户却因小赵身高带来的压迫感极度难受,注意力根本就没有放在产品上。

在分析这次推销失败的原因时,部门经理说:"我猜客户当时恨不得马上离开你,哪还有心思听你说什么啊!"

细节决定成败。在与客户第一次见面时,细节能拉满印象分,但是一旦不注意,有些小细节也能让客户对你极度不喜。

研究表明，首次见面时仅用 45 秒，就足以让我们对他人形成初步的印象，包括对方的外貌、表情、穿着和举止等信息。我们的大脑会高速反应，借助这些信息来判断对方的性格和素养。第一印象一旦产生，便不容易改变了。

因此，首次见面时，你一定要想方设法给客户留下良好的第一印象。如果客户觉得你靠谱，为人不错，那么交易很容易就能成交。如果客户觉得你不靠谱，那么不管你如何介绍产品，给客户分的利益有多少，对方都会反感。

那么，如何给客户留下良好的第一印象呢？这就涉及很多细节了。比如，你要注重仪表，这是对客户的尊重；你要面带微笑，纯净的微笑是最好的沟通方式；你要与客户保持一定的社交距离，让客户没有压力；你要准备充分，更好地展现自己的专业水平；你还要事先多了解客户，投客户所好……总而言之，想要给客户留下好的第一印象，你需要用心去做。

只要用心去做，多注意细节，客户一定会喜欢的。

第 5 节

金主法则：

客户面前，姿态要低一些

» 爆单痛点

产品很好，你介绍得也很详尽，可就是打动不了客户的心。客户甚至告诉你——"别来了，我不喜欢你！"看来，问题还是出在你身上。

你到底哪里让客户不喜欢了？

» 成交法则：用"示弱"去打动客户

每个人都有保护弱者的天性，因此在销售过程中，你可以主动示弱，以此打动客户。当然，这个"示弱"并不是让你低人一等，而是要学会放低姿态与客户对话。你的"仰视"会让客户自我感觉尊贵，这样他就更愿意与你沟通、交流了，成单也往往会水到渠成。

» 实战演练

销售商鲍勃用自己的低姿态获得了巨大的成功。

鲍勃是铁管和暖气材料的销售商，多年来，他一直想和当地的一位铁管包销商做生意。因为那位铁管包销商的业务范围很广，需要用到的材料很多，而且信誉也特别好。

这个想法虽然很好，但是做起来实在是太难了，因为那位铁管包销商是一位脾气暴躁、尖酸刻薄的人。他不想和鲍勃做生意，于是便百般刁难。

鲍勃每次去拜访他时，他都会坐在办公桌后面，嘴里叼着香烟，大声吼叫："你赶紧走吧！不要浪费我的时间，我什么也不需要！"

虽然总是被刁难，但鲍勃却不想放弃。他思索良久，采取了另一种方式。

当时鲍勃的公司正计划在某地开设一家分公司，而那位铁管包销商对那个地方非常熟悉，且有很多生意。鲍勃再次找到铁管包销商，他是这样说的：

"先生，请先别生气，我今天不是来销售东西的，而是想要请您帮忙。除了您，没人能帮助我了，不知道您能不能在百忙之中抽出一点时间，和我谈一谈？"

因为姿态放得很低，那位铁管包销商这次没有发火，而是问起了缘由。

"嗯……好吧。你有什么事？快点说！"

> "是这样的。我们公司想在某地开设一家分公司，而您对那个地方不仅特别熟悉，而且人脉还广。因此，我特意来请教您，我们在那里开公司，是好还是不好？有发展空间吗？"
>
> 这一顶高帽子戴下来，包销商心里很舒服。他拉过一把椅子，先让鲍勃坐下，然后就滔滔不绝地讲起了那个地区的特点和优势，一讲就是一个多小时。鲍勃的姿态依旧放得很低，不时插嘴询问，完全是一副小学生请教老师的模样。
>
> 两个人越聊越投机，包销商的态度也越来越友好。后来，他甚至还把自己夫妻之间的不和也向鲍勃诉说了一番，完全把鲍勃当成了朋友。
>
> 三个小时后，鲍勃从包销商办公室里出来时，不仅口袋里装了一张铁管订单，还与那位包销商成了朋友。两人经常约在一起喝咖啡、聊天、打高尔夫。

老子有言：水因善下终归海，山不争高自成峰。这说的是，放低姿态，并不是贬损自己，而是心怀谦卑，以低处立，往高处行。

在销售过程中，在客户面前放低姿态，往往能达到意想不到的效果。

放低姿态，能让客户从心理上感到优越和满足，从而更愿意与你交流。当客户陶醉在自我感觉良好的氛围中时，你就可以轻松获得对方的好感，赢得成功。

另外，放低姿态，主动靠近客户，甚至弯下腰、低下头，你会更容易了解客户，并发现对方的需求。一旦弄清楚了客户的需求，成交也就更容易了。

总之，在与客户交流的过程中，低姿态更容易让对方认可、接受，而毫无谦虚、锋芒毕露的人，往往会引起客户的反感。你会怎么做呢？

第6节

利他法则：
生意场上，更注重礼尚往来

爆点痛点

合作了很久、关系一直不错的客户，突然不愿跟你合作了。你思来想去，发现很可能是没有"送礼"惹恼了对方。你很恼火——"关系这么好，为这点小事，至于吗？"

至不至于，客户说了算。你到底该怎样做呢？

> **成交法则**：用"梅拉宾法则"让客户喜欢你

社交心理学家梅拉宾提出过一种人际交往原则，叫"梅拉宾法则"，其核心思想是，<u>"你对对方越有利，他就越喜欢你"</u>。换种说法就是，你给予他人的好处越多，他就越愿意与你建立良好的关系。

所以，生意场上，你要学会给客户送礼物。当然，单纯地送也不行，礼尚往来，与客户建立良好的、长久的联系，这才是送礼的最高境界。

» 实战演练

一位商人，在一团漆黑的路上小心翼翼地走着。他的心情很不好，因为刚谈判失败，丢掉了一桩生意。他心里也很懊恼，怪自己出门时为什么不想着带上照明工具。在这漆黑的路上行走，他有好几次差点摔倒。

忽然，前面出现一点灯光，一闪一闪的。出于本能，他慢慢向灯光靠近，走到近处，却惊讶地发现，提灯的是一位双目失明的盲人。

这一下子勾起了商人的兴趣。他好奇地问盲人："你双目失明，灯光对于你来说，一点用处也没有，那为什么你还要提个灯笼走夜路呢？"

盲人听了他的话，笑了起来，说："我打灯笼，当然不是给自己照路，而是另有目的。"

"那是为什么呢？"商人更好奇了。

盲人说："在黑暗中行走，别人往往看不到我，我自己又看不到，很容易会被撞到。我提个灯笼走路，灯光虽然对我没有帮助，却能让别人看见我，这样我就不会被别人撞到了。"

听了盲人的话，商人豁然开朗。他忽然明白，盲人的灯为路人送去光明的同时，也保护了自己，帮助别人，就是帮助自己。在生意中，要想得到别人的帮助，就要先给别人帮助。礼尚往来，

> 合作关系才能更加长久。
>
> 他找到了自己谈判失败的原因，脚步轻快地向家走去。

在礼物文化中，一件礼物不仅考验你的人际交往能力，也考验你的情商。你不仅要懂得给客户送礼，还要会挑，更要遵循一定的技巧和规律，如此才能成功让客户心安理得地接受你的礼物，再回馈于你，建立良好的互动关系，真正做好客情维护。

那么，如何给客户送礼，以达成礼尚往来的效果呢？

礼物要纯粹。礼尚往来，往而不来，非礼也；来而不往，亦非礼也。礼物是在交往中为了表达祝福、心意或者以示友好的物品，如果你带着销售的目的或者其他要求，会让对方反感或陷入两难。所以，你的礼物一定要纯粹，不要带着其他目的，表达心意就行。这样，客户乐于接受，还能"有来有往"。

客户如果不收，不要强求。送礼的目的是表达心意，以示友好。客户如果不收，那可能是有顾虑或者其他原因，千万不能强求，否则适得其反。要找出原因，投客户所好，换个让他喜欢的礼物。

你与客户成功建立"礼尚往来"的良好关系了吗？如果没有，多从自身找找原因吧。

CHAPTER 06

第六章

反制的逻辑

客户的"招数",你得接得住!

第1节

直面挑战一：

你是谁，你对我来说重要吗

》爆单痛点

客户对于销售的直观感受是，"要把我口袋里的钱拿到他口袋里"，进而对销售人员产生防备心理。如何打开客户的心防，消解客户预设的对立立场呢？

》成交法则：利用"权威效应"，成为客户的"那个谁"

"权威效应"是指人们在面对地位更高、更有威信、更受敬重的人时，会更容易相信他的言行。

当客户对我们有防备心理时，如果销售人员被客户的气势压倒，表现得如同客户所想的那样，是个"nobody"，在描述商品的时候，不管多么符合客户的心意，多么精确，在客户心中也是要打折扣的。因此，<u>必</u>

第六章
反制的逻辑

须成为一个有姓名的人，成为一个对客户有用的人，才能实现爆单。

» 实战演练

健身房中，两位女客户一边休息，一边闲聊。

客户甲："最近可能是加班加得太多，感觉怎么也打不起精神来，原本还打算经常来跑跑步，活动活动身体，现在看来可能要好好休息一段时间了。"

客户乙："我过一段时间可能也不来了，光是在跑步机上跑多没意思，不如每天绕着小区跑几圈，不仅风景好一些，还能省下不少钱。"

销售人员："两位女士，抱歉打断你们的对话，请问你们有没有兴趣参加我们的健美操课程呢？我刚刚听到了两位的疑虑，参加健美操课程，似乎比每天在跑步机上运动更合适。"

客户甲："请问你是哪位？我也想坚持锻炼，但现在每天跑步就已经让我有点吃不消了，健美操又蹦又跳的，你确定真的能行吗？"

销售人员："您会有这样的疑虑，完全是因为对健美操缺少了解。我向您介绍一下，我是国家二级健美操运动员，主要就是通过健美操帮助大家调解情绪，舒缓压力，改善精神疲劳的问题。"

客户乙："对她有用，对我有什么用呢？我可没有精神疲劳这方面的问题。"

> 销售人员："健身最难的就是坚持，再好的健身方式不能坚持下去也就没有任何作用了。刚才听了您的话，您似乎已经对健身有些厌倦了。健美操相比普通的健身方式更放松，也更有趣一些。为了您能够长期坚持健身，保持健康，达到美体塑形的效果，您要不要尝试一下呢？"
>
> 见两位客户正在犹豫，销售又趁热打铁说："最大的距离是从零到一，从无到有。我觉得选择一种能坚持下去的健身方式，培养良好的生活习惯是很重要的，两位是不是也这样觉得呢？对于新学员，首月是有七折优惠的，不妨先尝试一下再做决定。"
>
> 两位客户对视了一下，对销售人员说："那我们先报一个月试试吧。"

想要说服客户，卸下客户的心防，取得客户的信任是非常重要的。客户之所以不能信任销售人员，往往是担心销售人员为了赚钱，把不适合的东西推销给他们。这个时候，就需要销售人员在短时间内通过谈话完成两项任务。

第一项任务，告诉客户你是专业人士。人人都有自己擅长的领域，即便是自己领域中的天才，到了另一领域依然要听从专业人士的意见。专业人士能通过个人不同的情况，提供更加精确的信息、更加合适的方案，因此是具有一定权威性的。

当你证明自己是专业人士，有为他人出谋划策的资质时，就有了获得客户信任的先决条件。

第二项任务，让客户明白，你的意见对他们是有好处的。客户购买产品的目的是什么？不是为了让销售赚到更多的钱，而是为了得到有价值的产品或服务。如果你不能证明产品对客户是有用的，那么你在客户心中也就没有什么价值了。

那么，当客户明白我们拥有专业的技能值得信赖，又能为他们提供帮助，他们还有什么理由拒绝我们的服务呢？不少销售人员向客户证明了这些后，甚至不用毛遂自荐，客户就会主动询问，以便获得更专业、更准确、对自己更有帮助的答案。

因此，当客户询问你是谁的时候，千万不要先低头，要有好的服务态度，更要有专业的精神面貌。如果你在"你是谁，你能为客户带来什么，你的意见是否重要？"这样的问题面前低了头，就很难让客户相信你真的有专业能力，能提供有用的帮助和意见。

第2节

直面挑战二：

你来干什么，你能为我带来什么

» 爆单痛点

天下熙熙皆为利来，天下攘攘皆为利往。每个人做事都有自己的目的，你的目的是什么呢？当然是做成功的销售，让客户签下订单。客户签下订单同样有自己的目的。当客户找不到目的时，他就会发出疑问："你来干什么，你能为我带来什么？"

» 成交法则：利用共赢，给客户一个成交的理由

人们常说商场如战场，即便是在战场上，所有的关系也并非都是对立的。合作关系是商业的重要基础，销售人员与客户之间的关系就应该是合作关系。双方**合作时应该通过给予对方积极的支持与帮助，达成对谁都有好处的共赢**。我们想要爆单，就要让客户明白这一点。

》实战演练

某保洁公司的销售人员敲开了小区潜在客户的门。

销售人员:"您好,我是XX保洁公司的,请问您最近是否有清洁抽油烟机的需求呢?"

客户有些不耐烦,说:"没有需求,我这油烟机买的时候也是名牌,用了十几年,一点问题都没有,真不知道你们天天来干什么,等哪天油烟机坏了,我就找你们了。"

销售人员:"先生,您可别这么说,清理油烟机可不能等到坏了再考虑。如果经常清理,就能极大减少油烟机损坏的可能。等到坏的时候再清理,不仅会影响您的使用,还可能因为长期没有清理导致维修起来更加麻烦。而且,油烟机的好坏固然重要,但远远不如家人的健康重要不是吗?"

客户的眉头皱了起来:"你说的健康是怎么回事?用油烟机还不够健康吗?"

销售人员:"油烟机吸入的油烟是一种危害性极大的物质,它包含一种名叫苯并芘的强致癌物。如果油烟不经常清理,就会积累在油烟机中。当打开油烟机吸入油烟的时候,苯并芘也会因为受热逸散,影响烹调人的身体健康。为了您家人的健康着想,您应该经常清理油烟机的。"

客户:"说得怪好听的,好像你们不收钱似的。"

销售人员:"我们的确是要收取一定费用的,而您的家人也因此收获了健康,对谁都有好处,不是吗?"

> 客户:"那行,留个电话,明天下午你们派个人来吧。"

人人都会思考,面对同样的问题,得出不同的答案再正常不过。重点在于,得出答案的过程是不是可以逆转的。当客户的思考模式没有转向能够得到什么的时候,一般会想着自己会失去什么。

不管是购买商品还是服务,都不是免费的,客户最先思考的就是"我花掉了多少钱"。显然,不管支出是多是少,都是失去了什么。越是抱着这种心态,客户就越是不愿意签订单。销售必须让客户知道,我们的到来是能让他得到而不是失去。

我们能给客户提供什么?是优质的产品。产品的优点又是什么?相信针对这个问题许多销售人员已经准备好了充足的话术,用来介绍自己产品的优点。然而,客户的那个问题有答案了吗?你的服务和商品能为客户带来什么吗?不管把产品说得多么天花乱坠,只要这个问题没有解决,就很难真正打动客户。

销售人员在推销产品的时候,不应该只把自己当成销售人员,想着怎样让客户成交,更重要的是,要从客户的角度去想,产品能为客户带来什么。

一对夫妇想要买一处学区房,最后圈定在同一个小区里的两个房子上。夫妇显然对小区深处的那套更有兴趣,那边声音更小一些,有助于给孩子提供一个安静的学习环境。另一套房产的销售人员只用一句话就扭转了不利的局势,他说:"在这边,每天傍晚您都能在做饭的时候看着孩子放学回家。"

这句话打动了夫妇,让他们当下就做了决定。然而,销售人员所说的这个场景出现的概率太低了。即便如此,他还是站在客户的角度考虑了这样一个场景、这样一个优势。

因此,进行销售之前,要想的不是我们的产品有多好,不管是市面上独一份的东西,还是竞争对手望尘莫及的新技术,这些都远不如告诉客户使用产品能得到什么来得重要。再好的产品,如果没有把客户带入应用场景,客户难以畅想在未来使用产品的样子,那就很难找到购买产品的理由。

第3节

直面挑战三：

为什么买，和同类产品有什么不一样

》爆单痛点

跟客户沟通得挺好，眼看这一单就要拿下，但是客户却"搬"出了同行竞品来"压"——"你们两家的产品差不多，人家还比你便宜呢！"

不怕不识货，就怕货比货，我怎么才能把竞品"比下去"？

》成交法则：利用"诱饵效应"，终结客户的"比价纠结"

"诱饵效应"指的是：**当一个人在两个不相上下的选项中进行选择时，因为第三个选项的加入，会使某个旧选项显得更有吸引力**，这种现象被称为"诱饵效应"，第三个选项正好充当了诱饵的角色。

这就是说，当客户在你的产品与竞品之间犹豫不决的时候，你可以给客户推荐"第三种选择"，来帮助客户"下决定"。

» 实战演练

> 一个客户在一家中医养生堂做肩部护理，他觉得这家养生堂还不错，便想要办一张会员充值卡。
>
> 客户问销售人员："你们的会员充值卡多少钱呢？"
>
> 销售人员说："我们这里比较合适的套餐是4980元，包含了7项服务、3种优惠……"
>
> 销售人员话还没说完，客户便打断了他，说道："你们家太贵了，别人家的会员充值卡才2400多元。"
>
> 销售人员笑着说："您说的这个情况我知道，其实我们店也有便宜的套餐，服务和其他家2400多元的一样，但是我们家只要1999元。不过，4980元的套餐全部由中医药大学毕业的科班生专家技师为您服务，1999元的套餐是普通技师服务。如果您觉得没必要请专家技师，那就办1999元的套餐，更划算！"
>
> 客户想了想，说："我还是办4980元的吧，只要效果好，多花点钱就多花点！"

面对客户比价，销售人员一方面要拿出更有价格竞争力的产品，与竞品竞争——虽然销售人员的真实目的并不是销售低价产品；另一方面，要为销售人员的高价产品提供一个合理性。这时，销售人员就需要用到"资质证明法"。

所谓"资质证明法"，就是通过产品、公司的权威性和相关资质，来证明"我和别人不一样"，而且强调自己权威、正规、专业。这虽然没有直接说"便宜同行"的坏话，但也等于暗示了他们不权威、不正规、不专业。

所以，当客户说"竞争对手"的价格比销售人员便宜时，销售人员不要急着争论，而是要用委婉的话术让客户知道——"销售人员的产品资质比对手强"，这才是最好的办法。

如果对手的价格真的比销售人员便宜，销售人员也要说出销售人员"贵的道理"；如果客户仅仅是在忽悠销售人员，其实对手的价格并没有比销售人员便宜，销售人员强调自己的产品资质，也能够让顾客知道："既然价格差不多，我为什么不买更好的呢？"

如果销售人员的产品水平真的和竞争对手差不多，或者稍逊于竞争对手，那么就要做出差异化。不同价位的套餐，不同的组合方式，同等价位不同的取舍。这样一来，总会有客户因为不喜欢竞争对手的产品模式选择我们的产品。当客户询问价格、产品、竞争力等方面的问题时，销售人员也能在不暴露自身劣势的情况下，充满自信地回答客户的问题。

总而言之，就是在客户要了解销售人员与竞争对手究竟孰优孰劣时，以己之长攻彼之短。如果销售人员没有优势，就通过差异化方式避免与对手正面交锋，保持产品在客户心中的形象。

第 4 节

直面挑战四：

我可以购买，但你必须证明我有收益

» 爆单痛点

利益是在合作过程中永远绕不开的话题，特别是某些产品、服务就是与金钱直接挂钩、以金钱为核心进行的。这个时候，客户难免要"锱铢必较"。不管你说得多好听，也不如真正让客户有所收益来得有效。那么，问题来了：你说客户有收益，要怎么证明呢？

» 成交法则：分段式计算，让客户明白收益究竟在哪里

生产一款产品，提供一项服务，敢于将其拿给客户，必然是因为其中有收益存在。世界上敢于将对客户没有收益的产品或服务提供出来、赤裸裸地割韭菜的公司少之又少，**并不是所有的客户都愿意为信仰充值**。要向客户证明他购买的产品是有收益的，最好是将收益与其他渠道

做对比，通过分段让客户明白收益在哪里。

》实战演练

在某银行里，一位客户似乎正在纠结要办理什么业务。某保险公司的销售人员主动上前询问："先生，您好，请问您需要办理什么业务。"

客户似乎有些意外，打量了一下销售人员的着装，说："你是银行职员吗？"

销售人员："不是的，我是某保险公司的业务人员，在这里为想要理财的客户办理业务。"

客户有些不可置信："理财业务都开到银行里来了？打算存钱，不就是不打算理财了？"

销售人员："有很多客户在办理储蓄业务的时候，除了要把钱拿去保管外，还有获得一定收益的愿望。随着银行利率的不断下调，储蓄的收益已经越来越低。因此，我们在这里也是为想要获得收益的客户提供其他方案。"

客户："理财产品都是有风险的，还是存银行可靠。"

销售人员："请您放心，我们的产品不仅没有风险，收益也比银行高。"

客户："哦？那你说来听听，要是收益真的比银行高，我就买了。"

销售人员："我们这款分红两全保险，保险期限为5年，

10000 元起售。5 年之后我们会返还您缴纳的所有费用，您可以将其当成一种储蓄行为，收益是 8.4%。除了固定收益外，我们还会根据公司运作的营收，给您分红。如果在这 5 年里，您不幸身故，还会根据保额给您的家人 4 倍赔付。"

客户："也就是说购买你们的理财产品，不仅能保本，除了固定收益外还有分红。一旦我出事了，还有保险的作用？说得这么好，万一到时候说没有赚到钱，故意不给分红怎么办？那收益也没比存定期高多少，银行还更加可靠些。"

销售人员："您放心好了，该给您的分红一分都不会少。我们的理财项目是由国家机构进行监督的，相当于在国家机构的保证下，由我们公司的专业理财团队为您服务，保证您的收益。"

客户："那好，我买两份吧。"

收益的多少，可以通过不同的方式，让其显得高深而玄妙。客户想要获得收益，销售人员就要证明客户能有收益，并且越多越好。直观地告诉客户能有多少收益，往往起不到太好的效果，风险越小，收益就越低。

保证客户本金不受损，就不能指望有太多的收益。若直观地告诉客户，投入 20000 元，五年之后能得到 21800 元，显然没有多大吸引力，但换一种算法效果就不一样了。

投入 20000 元，除了保证本金不受损外，还能得到 8.4% 的固定收益以及额外的分红，看起来是不是就多了不少？毕竟在 20000 元得到保证的情况下，还有两项收益。除此之外，还有额外服务，也就是意外身故后的 4 倍赔付，这就又为产品的收益增添了筹码。

虽然这项服务绝大多数人用不上，但作为赠品，有总比没有好。特别是在不花费任何本金，又能保证其他收益的情况下，一些免费的添头甚至会成为打开销售之门的最后一把钥匙。

电子商务的商家更喜欢使用这种方式，买一款产品可能会有数件赠品。这些赠品本身并没有太大价值，但很有可能会动摇客户的选择。特别是在刚需产品上，在货比三家的时候，价格差不多，售后服务差不多，赠品的数量就成为比拼的关键。

客户不了解赠品的价值，数量就成为衡量赠品附加价值的关键。当客户知道可以不用多付钱，就能获得数量可观的赠品时，是很难不心动的。

第5节

直面挑战五：

你可以给我什么保障，保证我的利益

» 爆单痛点

据说在远古圣王统治的时期，人们是非常讲信用的。关押犯人只需要画地为牢，犯人就会乖乖在其中不会逃跑。人们在交易的时候也没有欺诈的情况，即便只有口头协议，也会坚定地遵守。但在如今，情况就完全不同了。不管销售人员说得多好，客户也不愿意签单，就是因为缺少保障，担心承诺无法兑现。

» 成交法则：签订纸面协议，做出负风险承诺，让客户彻底放心

有风险才有回报，这是成年人世界里基础的认知。之所以面对没什么交往、不太认识的销售人员时客户不愿意签下订单，是因为他们

觉得相信销售人员这件事情就是风险。那么，给客户一个负风险承诺，客户就能逐渐放下心来。什么叫负风险承诺呢？就是客户一定会有收益，如果客户没有收益，付出的款项将全部退还。

▶ 实战演练

某驾校销售人员在与客户沟通时发生了如下对话。

客户："请问你们驾校教练的水平怎么样？"

销售人员："这一点您可以放心，我们的教练有多年的教学经验，不仅能让您在考试过程中高枕无忧，还能让您提前了解日常行车中的一些技巧；不仅能让您迅速拿到驾照，还能让您无忧上路，迅速脱离新手阶段。"

客户："我之前学车的驾校也是这么说的，结果去年就没考过。你又怎能兑现承诺，保证我一定能考过呢？"

销售人员："我们每年都有大量学员顺利考过，这个可以给您看看数据。另外，我们也可以做出承诺，如果您一年没有考过，那么可以免除明年的学费，如果明年还没考过，后年的学费也可以给您免除。三年还没考过，如果您不愿意继续在我们这里学习，那么可以将全部学费退给您。"

客户："看起来你们确实很有信心，刚才说的保证会写在合同里吗？"

销售人员："您放心，这个是我们的承诺，都会写在合同里的。"

> 客户："那好，今年我就决定在你们这儿学车了。"

很多时候，不是产品不够好，不是销售人员不够努力，只是因为客户不能放心，导致交易不能达成。想要让客户放心，给客户一个强有力的保证，有几个问题是一定要明确的。

如果客户没能得到预想中的收益，那就不会有损失。没有人愿意掏钱后一无所获，这是很多客户不愿意签订合同的重要原因。有的商品购买时是批量的，是可以退换的，这就导致客户在购买的时候压力更小，更加放心。有些商品、服务是一锤子买卖，用掉了再说不好，很难得到补偿。因此，要是利益得不到保证，就相当于钱打了水漂。

因此，销售人员应该给客户以保障，至少要让客户知道产品、服务出了问题，不会一无所获，不管是退换、维修还是其他形式，总能得到补偿。

空口无凭，最好的保证方式就是落实到纸面上。任何口头协议的承诺，都可以事后否认、另加解释，甚至说是销售人员私自做出的承诺，公司不予承认。落实到纸面上，客户就会有安全感，认为自己的利益是有保证的。毕竟有据可凭，即便将来诉诸法律，也有道理可讲。

另外，要让客户知道这种保证不是单独给他的个例。很多时候，销售人员愿意将某种服务说成是客户独享，这样会让客户产生受重视的感觉。但在保证这件事情上，如果客户忧心忡忡，很有可能起到相反的效果。

店大欺客，客大欺店，如果只有一个人享受了这样的保证，客户就会想象在遇到问题时声讨店家的可能只有自己。在势单力薄的情况下，客户想要维权，花费的成本就会大大提高。甚至想要维权成功，花费的成本要胜过获得的补偿。

　　保障客户想要的，既能展现我们对于自己提供的商品、服务是有信心的，还能让客户知道，一旦出事他有可以联合的对象，有站在一个队伍里的人。维权的成本会大大降低，成功率也会提高。

　　保证客户的利益，让客户有保障，即便客户对我们没有足够的信任，也会相信我们做出的承诺是可以兑现的。那么，让客户签订合同，就变得容易多了。

第6节 直面挑战六：

抱歉，现在还不是时候

》爆单痛点

世界上的一切都有时间的对错之分，销售商品也是如此。对于销售人员来说，只要能将商品销售出去，任何时间都是最好的，但对客户来说，却有着种种顾虑。不管前面的沟通有多顺畅，客户对商品有多满意，当客户说出那句"抱歉，现在还不是时候"，一切就都变得不那么美好了。

》成交法则：哪有不是时候，现在永远是最好的时候

客户觉得不是时候真的是因为时间不对吗？并不见得。这往往是客户还没有下定决心的一种借口。客户并不知道究竟还有哪里不合适，只是感觉不对，或者是觉得没必要，就会用时间不对来当借口。**作为一名合格的销售人员，要让客户知道，现在就是最好的时候**。

» 实战演练

某线下家电广场中，有客户在看电视机，似乎有一定的购买意向。

销售人员前来接待："女士您好，您打算购买电视机吗？"

客户："我先看看有没有合适的，就放在客厅里，不要太大。"

销售人员："最近电视机市场内卷严重，价格便宜了很多。这台65寸的，前几年还要一万多元，今年只需要不到六千元的价格就能拿下了。"

客户："这牌子行吗？之前都没听说过。"

销售人员："这牌子也算是老品牌了，只不过是刚刚涉足电视机领域。如今电视机也算是电子产品，之前做手机的品牌制作的电视没什么可不放心的。带入做手机的互联网思维后，它家的电视比传统厂家的电视系统要更人性化呢。"

客户："我还是不太放心，隔行如隔山，电视机和手机有再多相似之处也不是完全一样的。售后有保证吗？"

销售人员："这个您可以放心，一年包换，三年保修，全国联保。只要不是人为损坏，厂家会负责售后问题。"

客户："听着倒是不错……对了，过一段时间就是"双十一"了，你们这有没有活动啊？我现在买是不是不太划算？"

销售人员："'双十一'我们肯定有活动的，但是您现在买也绝对不会吃亏的。我们有保价服务，如果'双十一'的价格低于您购买的价格，您可以拿着购物凭证找我退差价。所以，您是现在购买吗？"

客户思考片刻："抱歉，我还没想好，过几天活动开始的时候，我再来看看吧。"

销售人员："如果您需要购买一台电视机的话，我觉得您还是现在购买比较好。即便是有了活动，我跟您保证，绝对不会比现在的价格更低。您看中的这款挂壁式电视机，到时候还需要有工作人员上门安装。我们的工作人员并不那么充裕，活动期间会非常忙碌，可能要好多天之后才能到您家为您安装。现在到活动开始还要一段时间，还有等待安装的时间，加起来差不多也快一个月了呢。"

客户："那我现在买有什么好处呢？"

销售人员："您今天买了，明晚之前就保证您能用上。花同样的钱，早享受一个月呢。如今电子产品淘汰得那么快，一个月的价值也不算少了。"

客户："那我就现在买吧，但是你得保证给我保价。"

销售人员："您放心吧，买贵了我给您退差价。"

任何时候，只要客户的购买欲够强，就是最好的时候。一旦客户认为现在不是时候，那就是有不确定、不明白，或者是不合心意的地方。销售想要解决这个问题，首要任务就是消除客户的后顾之忧。

从价格、产品、售后服务上都让客户明白、放心，没有任何疑虑和担忧，"不是时候"的情况就会大大减少。

当然，也有一些客户比较悲观，生怕自己有什么没想到的地方，导致购物变成冲动消费。面对这样的客户，就是要让客户明白"时间宝贵，不能浪费，人应该活在当下"的道理。在价格没有变化的情况下，越是晚购买，享受的时间就越短；越是早下决心，就越能早一点享受产品带来的舒适生活。

客户犹豫，销售人员可不能犹豫。客户消费的欲望往往会随着思考的时间逐渐下降，因此，销售要懂得以温和的方式让客户明白"早买早享受，现在就是最好的时候"的道理，既不能任由客户思考，也不能态度强势、步步紧逼、目的明显。

销售人员的目的越是明显，客户就越会警惕起来，生怕自己落入销售人员的圈套，花钱买到了糟糕的产品。因此，最好是循循善诱，让客户觉得选择是自己做出来的。

CHAPTER 07
第七章
获客的逻辑

吸引他，留住他，再谋成交

第1节

吸引点一：

软硬件备齐，一看就很专业

» 爆单痛点

每个人了解陌生的事物时，会优先从自己能接触到的、与其相关的事物做判断。我们可能会通过对某一个国家的人的了解来建立对这个国家的印象，即便这样做会以偏概全，但依旧难以避免。客户也是如此，如果在销售过程中，销售人员表现得不够专业，很有可能会让客户觉得产品不专业，设置觉得公司不专业，那么想要成交就不太可能了。

» 成交法则：专业的销售人员将专业的产品卖给专业的客户

很多销售人员入职时间可能还不长，对产品的了解大多只是照本宣科，专业性还不太够。销售人员自己可以知道，但万万不能让客户知道，

第七章
获客的逻辑

即便是不够专业，也要给客户展现最专业的一面，给客户留下最深刻的印象。

▶ 实战演练

客户在商场闲逛时，被一款造型别致的耳机吸引住了。驻足观看的时候，销售人员来到客户面前："您好，有什么可以帮您的？"

客户指了指那款耳机说："这耳机多少钱？"

销售人员："您可真有眼光，这款耳机是我们今年主推的王牌产品，售价1680元。"

客户："多少？1680？这价钱快赶上我的无线耳机了。有线耳机怎么还这么贵呢？"

销售人员："无线耳机和有线耳机如今已经是两条不同赛道的产品了，无线耳机主打的是方便使用，不会给人束缚感，使用手机通话的时候解放双手，降低噪声的影响。但要是享受音乐的话，还是高端的有线耳机效果更加出色。"

客户："那是为什么呢？凭什么无线耳机的声音效果比不上有线耳机？"

销售人员："无线耳机内部有蓝牙模块、麦克风、降噪模块，这些东西占据了大部分空间。有线耳机内部一般只有发声单元，这就决定了有线耳机在听音乐方面更有优势。特别是我们这款耳机，有专家调音，结合独特的发声腔体，让它的声音更有特点，更好听。"

客户："你说你们的耳机比无线耳机更好听，能让我试试吗？"

销售人员："这里有样机，请您试听。"

客户："声音确实不太一样，但也没有好太多，我觉得1680元不太值得。"

销售人员："我建议您用您的手机连上我们这款便携解码耳放，效果会更好一些。"

客户："你说的便携解码耳放，是个什么东西？"

销售人员："就是一种拥有独立解码芯片，能让耳机表现更好、让音乐更好听的随身设备。我们这款便携解码耳放拥有两个独立的解码芯片，还有能让频率输出更加稳定的飞秒晶振，保证您听到的声音更加干净、悦耳。"

客户："没想到你这么专业，你要不解释，不少东西我都不明白。"

销售人员："您过奖了，这都是为了给您提供更好的服务。要说专业，我们的技术人员才是真的专业。您要试听一下吗？"

客户："果然是更好听了一些，这个耳机和那个便携解码耳放，我一起买了。"

人们常说酒香不怕巷子深，在这个商家都把酒摆在门口的时代，再好的酒在深巷中气味也早就被其他酒遮住了。因此，销售人员学会推广产品是非常重要的。如何让客户相信你，认同你的产品，专业性是销售人员的倚仗。

客户购买产品要花钱，花钱购买心仪的商品可以，花钱买的东西不明不白却不行。如何让客户明白，这就需要销售人员具备良好的"软件"。销售人员要让客户明白，产品好在哪里，定价高的原因是什么。

有些销售人员会觉得，说那么多客户也不懂，为什么要说呢？客户不懂，但你不能不懂。如果面对客户的问题，你给不出一个确切的答案，或者答案不合逻辑、颠三倒四，就会失去客户的信任。客户不信任你，对产品也不明白，自然不可能掏钱购买。

销售人员如果能展现出足够的专业性，精准地解答客户的问题，甚至能言简意赅、非常形象地为客户做一点小科普，客户自然能心服口服。专业的销售人员，专业的产品，就能培养出专业的客户。客户有了一定的专业性，在认可自己选择的情况下，甚至会成为忠诚的老客户。

展示产品要清晰明了，语言与产品能相互印证，合二为一。因此，仅靠经验丰富、知识充足的销售人员空口白牙是不行的，把产品交给客户自己了解也是不行的，只有两者结合，才能更快地推动成交。

第2节

吸引点二：
前戏一定要到位，抓住客户注意力

» 爆单痛点

想要保持注意力去做一件事情，需要一定的自控能力和意志力。如果一件东西不能让人产生兴趣，对方自然不愿意控制自己的意志力，专注在没兴趣的东西上。不少销售人员发现，自己正要向客户展示商品，客户就已经不感兴趣了。

» 成交法则：时刻准备用最好的办法抓住客户的注意力

你永远都不可能知道客户会在哪个瞬间将注意力投向你，或许会有一段时间，或许只有短短的一个瞬间。因此，**只有时刻准备着，用你最好的办法抓住客户的注意力。只要能把客户的注意力留住，就有成功的可能性。**

» 实战演练

> 某甜品店正在做促销，销售人员在门前摆好摊位。一对情侣经过，询问："你们在搞活动啊？"
>
> 销售人员："您好，是的。我们××品牌全国第××家新店开张，正在做推广活动，店内甜品限时买一送一，您要不要了解一下？"
>
> 女生："买一送一？所有甜品都参与活动？"
>
> 销售人员："是的。店内优惠活动二选一：一是买甜品，赠一款同等价位甜品；二是买甜品，赠任意一杯鲜榨果汁。我们店甜点全部使用进口动物淡奶油，甜而不腻，还有年轻人喜欢的低卡无油小甜点，健康又美味。鲜榨果汁是100%鲜榨，选用多种新鲜果蔬搭配。"
>
> 女生："听着是不错，我们买一杯吧。"
>
> 销售人员："欢迎您光临。我们的'买一送一'活动是充值后享受的。充值之后，除了今天的'买一送一'，还有送惊喜活动：一、……二、充值500元，可以在您或男友生日或情人节领取一个6英寸的生日蛋糕或情人节蛋糕……"
>
> 女生："这样啊……那我们充值吧。"

客户下单，最终还是为了产品。只要产品过硬，销售人员就可以通过各种各样的方式，吸引客户了解产品。当客户对产品有了足够的了解之后，其他的事情反而显得不那么重要了。但这一切都要在客户下单之前说明，避免客户下单后，觉得自己上当了。

留住客户的注意力很难，但有些时候更难的是吸引客户的注意力。并不是每个人都能做到眼观六路、耳听八方，有相当部分人的购物习惯就是直奔目标，其他东西很难让他们有所关注。因此，也要有一些能吸引客户注意力的办法。

地摊经济逐步复苏后，越来越多的人尝试摆地摊。在摆摊的过程中，人与人之间的差距马上就呈现了出来。有些人发现自己颇有才能，光凭摆摊赚到的钱就堪比主业。还有些人忙活好几天，收入还不够摊位费用。这其中的差别，就是能否让客户把注意力投向自己。

三元一双的工作用袜子，摊主要如何吸引往来人群的注意力呢？摊主一边吆喝着"刀割不破，火点不着"，一边拿出刀子高高举起，准备割向袜子。这个演示过程伴随着大量无意义的动作和宣传的话语，直到有大量的人围观时，再动手去割。如此往复，每次实验过后，都会有不少人购买。如果摊主不通过一些手段吸引客户的注意力，是很难在大量同类产品中得到关注的。

第3节

吸引点三：

展示场景娴熟逼真，不妨先演练几遍

» 爆单痛点

展示产品的过程，其实也是销售人员展示自我的过程。这一过程应该通过销售人员的个人能力让客户了解产品、认识产品、喜欢产品、购买产品，表演的主角销售人员在这一过程中也能得到客户的认可。可是在展示过程中，偏偏因为某些意外把戏演砸了，这样的表演，也只能拿个安慰奖了。

> » **成交法则**：台上一分钟，台下十年功，多练才是最好的办法

销售人员的主要任务就是将产品卖给客户，只要手段符合道德规范、法律法规，就可以被拿来使用，掌握所需要的技能。展示产品，销售人

员也要能做好才行。一味地去讲，很容易让人乏味。更何况实际操作如果不熟练的话，很容易给客户留下糟糕的印象。**只有展示熟练、全面，才能达成效果。**

》实战演练

作为一名销售人员，展台就是舞台，展示产品就是表演。台上一分钟，台下十年功。大到电影、电视剧，小到几分钟的魔术、脱口秀，都是要进行大量练习才能保证万无一失的。因此，销售人员万万不能轻视这个环节。或许一场好的演出就能为你打响名声，脱颖而出。那么，一场好的展示需要做哪些准备呢？

第一，对产品熟悉。

很多销售人员从自己的角度出发，谈起产品来如数家珍，不管是功能、数据、同类产品都能讲得头头是道，但是从客户的角度来说就有点陌生了。然而，就展示产品这一环节来说，能站在客户的角度看问题是提升销售成功率的关键之一。

客户关心产品的质量，关心产品的价格，也关心产品的实际使用感受。近些年，站在客户的角度看产品已经被重视起来，业内将其称为用户体验。针对用户体验，客户有的问题远比产品本身要多。很多时候，客户的提问都结合自身情况和产品状况，如果销售人员被问倒了，不能打消客户的顾虑，就难以让客户放心购买。

第二，操作熟练。

展示产品，要让客户看到产品具体使用起来是什么样的。销售人员进入操作流程后，必须熟练，行云流水，保证每一步都不能出错。

操作不够熟练，经常要停下来思考、查阅使用方法，客户就会对产品的易用性产生担忧。连销售人员用起来都这么难，自己上手的时候是不是就更难了呢？一旦对产品的易用性产生怀疑，客户购买的欲望就会大大降低。

操作流程要流畅，节奏同样要好。有些环节可以延长展示时间，让客户看明白操作的流程，有助于激发客户的购买欲。但如果某些无聊的环节过于冗长，客户的耐心就会逐渐被消磨掉，出现等不及将展示看完就拒绝的情况。

操作的准确性要高，尽量不要出错。操作出错，产品就不能正常发挥效果，甚至是产生负面影响。那么，产品给客户的印象，在功能性、产品质量上都要打折扣。

第三，保持气氛。

展示产品重在产品，每个环节都能让客户觉得有趣是不可能的，但因为环节的功能性，又不能将其省略，想要保持住热烈的气氛，销售人员要提前预设一些办法。

我们发现，很多专业培训讲师的讲课方法受到广大学生的青睐，有些讲师还以风趣幽默的讲课方式走红网络。他们的课程，任谁听了，都要夸一句好口才。然而，这些可不是他们临时起意、随机应变的成果。

事实上，那些风趣幽默的故事、段子都是细心准备好的。每次面对相同的提问、类似的环节时，使用的桥段都是一样，这就保证了他们能高质量地输出内容，不仅在当下吸引住了客户，还能给人留下深刻的印象。

销售人员在展示产品的时候，也要适当加入这样的环节，保证客户不会觉得无聊，也能加深对产品的印象。

第4节

吸引点四：

展示产品核心竞争力，优势必须突出

》爆单痛点

展示产品的时候客户喜欢看，展示过程也没有出现任何问题，但是到了最后，客户认为这东西和家里已有的差不多，没什么区别，最后展示成了白忙活一场。

》成交法则：以旧换新，新在哪里？你的更好，好在何处？别让客户觉得"差不多"

不怕货比货，就怕不识货。销售人员在**展示产品的时候，要突出产品的核心竞争力**，让客户知道我们的产品比其他产品更好，比之前的产品更好。如果空洞地为客户描述产品，只能让客户疑惑，我再买一个新的有什么用。

» 实战演练

> 两位女士走进一家家具用品店，询问销售人员："请问你们这里有没有什么能暖脚的东西，最好是不用脱鞋，能在办公室用的。"
>
> 销售人员："我们这里有一款脚踏式的电热板，可以直接穿鞋踩在上面，在办公室用最合适不过了。"
>
> 女士甲："这东西我去年买过一个，不怎么好用，一打开就热得烫脚，关上没一会儿就不热了。二十几分钟就得开关一次，谁有那么多时间啊……"
>
> 销售人员："那您可以试试这一款，这一款有五挡调温，从低到高，总有一挡能符合您的要求。"
>
> 女士乙："你就是对温度太敏感了，我办公室有一个，家里也有一个，用着都挺好。不过用的时候可得小心，要是忘记关电源，引起火灾就麻烦了。我有好几次下班的时候都忘记关了，幸好有同事提醒。"
>
> 销售人员："您要是担心自己会忘记关闭电源，这里还有一款能定时的，设定好挡位和时间，就不必担心会有火灾风险了。"
>
> 女士乙："哎呀，我可不想再让同事说我马虎了，我要这个能定时的。"

产品的核心竞争力是什么？在只有单独一款产品时并不能将其体现出来。只有在与其他同类产品对比时，核心竞争力才能得到凸显。因此，销售人员不仅要抓住新产品的优点、特色，更要知道老产品有哪些缺点，同类产品有哪些不足。通过不断比较，客户马上就能明白产品的核心竞争力是什么，这个和之前的有什么不一样。

如果改变并不明显，销售人员就要抓住重点，凸显其分量。例如，两代电子设备，因为旧一代的 CPU 停产，新一代除了 CPU 之外没有任何改变，那就要强调电子产品迭代的速度有多快，新的 CPU 比之前的性能要强大多少。要是在硬件上没有改变，只是在设计上改变了，就要强调外观、手感、使用带来的舒适度，让客户忽略性能没有变化这一事实。

很多产品的高低端之间并没有太大的差距，高端比低端多了 5 个功能，但其中的 4 个功能是绝大多数人用不上的。有些人愿意因为只用这一个功能承担 5 个功能的成本，有些人则不愿意，这个时候，突出产品核心竞争力的作用就来了。

不管销售人员说得多好听，客户在没有"眼见为实"的情况下，很难体会到这些用不上的功能有多好。如果销售人员能很好地将这些功能展示给客户，客户就会明白高端产品好在何处，自己的钱花在哪里，甚至能改变原本的使用习惯由俭入奢。

第5节

吸引点五：
结合客户需求，展示附加价值

> **爆单痛点**

产品的差异化是左右客户选择甚至给品牌打标签的原因之一。销售人员在为客户介绍产品的时候，常常会被问到和哪个牌子有什么不同。即便销售人员能讲出不同的特点来，客户往往还是会说出一句："还是差点儿意思，我不需要。"

> **成交法则**：针对不同的客户，提炼不同的卖点，让产品有更大的附加价值

我国的工业化发展速度较快，许多不同品牌的产品往往出自同一所工厂，虽有差异，但只能说是大同小异。在产品体验极其相似的情况下，如何让客户选择我们的产品呢？**通过小小的差异打造较大的附加价值**

往往是左右客户选择的最终答案。

》实战演练

　　某客户来到一家电玩店，打算买一个新的游戏手柄。来到柜台前，他举起手上的手柄对销售人员说："我买这个手柄。"

　　销售人员通过辨认后，对客户说："真的不好意思，您这款我们这里已经没有了。这里有这款的升级版，还有其他品牌的，您可以尝试一下。"

　　客户端详了一下，询问道："那个升级版，还有那个白色的，多少钱呢？"

　　销售人员："这款升级版要268元，这款白色的要498元。"

　　客户："怎么这么贵，我买这个的时候还不到150元呢……"

　　销售人员："这款升级版产品做了很大的改动，不仅增添了蓝牙功能，让您不受线材的困扰，可以更加自由地享受游戏，还增加了四个背键。"

　　客户："背键？有什么用？"

　　销售人员："背键能让您有更多的按键方式，设置多种组合，避免一起用多个按键导致输入不准确的情况出现。对于更复杂或者要求更精准的情况表现更好。"

　　客户："听着确实是比之前的更好了。那款白色的那么贵，好在哪里呢？"

　　销售人员："这款手柄也有背键，正面的按键采用微动按键，使用起来回弹更快,寿命更长,手感更好。"

客户:"就这么点不同,贵两百块,可太不值得了。"

销售人员:"当然不止这么一点不同,这款最大的特色是模块化,让用户可以根据使用习惯自己调整手柄。"

客户:"什么意思?详细说说。"

销售人员:"您看,这个摇杆是可以拆卸的。不同用户玩不同的游戏对摇杆的长短有自己的要求,您可以通过更换摇杆调整手感。这边的按键也可以拆卸,您是要玩PC游戏还是连接其他设备,根据需求可以更改按键的位置。更有趣的是,这里的面板也可以更换。如果您有喜欢的游戏主题,可以去官网订购同主题的面板,将手柄改造成自己喜欢的样子。"

客户:"这个听着还有点意思,总是往手柄上贴纸,不仅不好看,操作麻烦,还不好更换。要是能有我喜欢的面板,那就不用贴纸了。"

销售人员:"您看看,有游戏主题、动漫主题、电影主题,有喜欢的吗?"

客户在尝试后果断购买了498元款。

同样的产品,在服务不同人群的时候,针对其特点,多宣传其附加价值,有些时候就能直击用户内心,完成拼图的最后一角。有些产品也会在宣传之前寻找其可用的附加价值,作为卖点之一,再围绕其制定宣传策略。

老年人比较重视健康程度、舒适性以及价格,年轻人更在乎个性化、科技含量，中年人则在意产品的实际价值、使用寿命、便利程度。针对不同的人群，可以在全面介绍之后，着重讲这之外的优点，让附加价值成为客户选择产品的重要原因。

例如，对年轻人来说，两件在功能上完全相同的产品，其中一件在外观上更好看，即便价格稍高，也会成为更好的选择。对于中年人来说，哪件产品使用更方便，能为他在日常中节省更多的金钱与时间，那就是最好的选择。

即便不针对某类客户进行宣传，能有更多的附加价值也是更好的事情。哪怕是购买水果，味道相同，价格相同，吃进肚子里都一样，人们也更愿意挑选好看的。产品的附加价值，有了总比没有好。产品的附加功能，现在用不上，万一什么时候有用了呢？这就是客户的心态，有了就意味着需要的时候不会更麻烦。即便使用上没有差异，高附加价值也意味着性价比更高，钱花得更值得。

第6节 吸引点六：亲身体验，邀请客户参与到展示过程中来

》爆单痛点

在产品质量过硬、销售人员对产品有足够了解，并且进行了全面展示的情况下，也可能依旧不能取信于客户。几个客户提出质疑，其他原本相信或者将信将疑的客户也纷纷转为不信，最后一哄而散，只留下欲哭无泪的销售人员。

》成交法则：我展示时这样，你展示时这样，大家使用的时候就都是这样

利益相关是人们难以产生信任的因素之一。你是销售人员，自然会展示产品好的一面，隐藏产品不好的一面。既然眼见都能为虚，不妨

让客户亲自尝试一下。如果有客户担心来尝试的人是托,那就再换人尝试,再多的疑惑,也会在亲自尝试下消除。

》实战演练

销售人员正在向客户展示一款洗地机,地上的脏污在销售人员的操作下被清洗得非常干净。这时候,一位客户产生了质疑:"这玩意儿真的好用吗?我可是看别人说,这是近几年新兴的产品中最容易吃灰的,可别是捧起来的"网红"产品吧?"

销售人员:"这位先生,您要是不相信,可以亲自来尝试一下。"

在销售人员讲解过操作流程后,客户亲自尝试了,说:"确实挺干净的,但是不是你们用了好的去污产品,或者是这污渍本身就挺好处理的?"

销售人员将客户带到一处脏污前说:"我们这里有个传统拖把,您可以尝试一下是否好清理?"

客户接过拖把,尝试了一下:"不太行,把你们那个清洁液给我弄点,我再试试。"

使用了清洁液之后,客户又试了几下:"还是不行,试试那个洗地机,要是能解决,我就信了。"

使用洗地机,脏污很快就被清除了,客户心服口服,买下了洗地机。

销售人员展示产品,自然要将产品最好的一面拿出来给客户看,激发客户的购买欲。客户则要保证自己的钱花得值得，买到的东西是货真价实的，对展示过程产生质疑也很合理。想要让两者矛盾消失，最好的办法就是让客户参与到展示过程中来，亲自体验产品的优点。

因此，销售人员面对客户的质疑时，不应该有抵触情绪，反而要让客户积极参与进来。由客户亲自体验、亲自展示，起到的效果远比销售人员展示要好得多。

人没办法想象出自己不曾经历的体验，产品再好，客户不亲自体验，说服力也略显不足。特别是一些比较有突破性功能的产品，在客户真正体验之前是感受不到其中的好处的。

乔·吉拉德被誉为世界上顶级的销售人员，他开创式的销售诀窍，就是让客户亲自体验。在那个还没有试驾的年代，只有他会强烈要求客户坐进车里再谈。客户进入车里后，体验到的不仅仅是汽车带来的好处。不管是舒适的座椅还是新车独有的气味，都可能会勾起客户对于使用场景的想象。

和全家人一起出游，上下班的便利，快速解决紧急事件，邻居、同事羡慕的目光……这些带给客户的购买欲是其他方式达不到的。因此，吉拉德连续12年每天都能卖掉6辆汽车，成为有史以来最好的销售人员之一。

很多时候，好的东西唯一的缺点就是要花钱。当客户没有体验过什么是真正的好时，钱放在口袋里才是最安心的。当客户体验过以后，产品就变得难以割舍了。毕竟得而复失，远比从未得到更加痛苦。

销售人员让客户体验产品，相当于在客户的心中埋下了一粒种子。即便客户当下因为经济问题不能购买，也很难永远摆脱影响，彻底忘掉

第七章
获客的逻辑

当时的感觉。当种子越长越大，破土而出，茁壮成长的时候，客户就会越来越按捺不住内心的冲动和对产品的渴望。当然，这一切能够成功的前提是产品足够优秀，展示的过程足够顺利，客户短时间的体验足够好。

CHAPTER 08

第八章

谈判的逻辑

让客户相信你我的利益是一致的

第1节

投石问路：

摸清客户态度，掌控虚实

》爆单痛点

只要客户肯开口谈需求，问题总有解决的时候，销售人员也能从这个过程中积累经验，学到东西。最怕的就是客户不开口，态度暧昧，语言含糊，到最后销售人员也不知道客户哪里不满意，为什么不肯购买产品，问题是出在自己身上还是产品上。

》成交法则：主动抛出问题，答案不重要，态度才重要

人人都有底牌，作为销售人员，不可能一股脑儿就把产品的价格、服务、优缺点都告知客户。同样，客户也不会把自己对产品的观感、需求、目标都告诉销售人员。**双方要在逐步了解、试探后，才能达成一致**。如果客户不满意，又不肯说原因的时候，销售人员只能先迈出那一

步，给客户一点刺激，从态度上寻找为什么。

» 实战演练

在销售人员为客户介绍了产品之后，他开始询问客户的意向："您觉得这两款产品怎么样？哪款更合您的心意呢？"

客户："都还行吧。"

销售人员："那您决定购买哪一款了吗？"

客户："都挺好，但也都没有完全符合我的需求，虽然我有需要，但还是得考虑一下。"

销售人员："这两款要是您都不满意，我们还有其他同类型的产品，需要给您介绍一下吗？"

客户："好啊，再多介绍几款，也许就有符合我要求的了。"

销售人员又介绍了几款，见客户还是一副下不了决心的样子，就问："您是第一次使用这种产品吗？"

客户的积极性似乎高了一些，说："是的，一直听说这种产品不错，想要试试。"

销售人员："那我向您推荐这一款，虽然功能少一点，但操作简单，价格也便宜，更适合用来体验。如果您觉得好，再尝试其他进阶产品更好。"

客户："这款更适合尝试吗？那就选这一款了。"

每个客户在购买产品之前都有各种各样的顾虑，但因为各种各样的原因，不好对销售人员直接说。就如同这位客户一样，明明是担心试错成本太高，不想要买价格较高的款式，却又不好意思说出口。销售人员如果能通过语言试探，察觉到眼前这两款对客户来说并不是二选一，而是两个都不选，就能给出更符合客户要求的选择。

有人可能会认为，既然觉得试错成本太高，直接问销售人员有没有更便宜的产品不就好了？实际上，有相当多的人并不能把这种话直接说出口。根据调查，各类产品中端型号卖得好的原因，不是因为它真的足够好，而是因为有相当多的客户不愿意购买低端的产品，以免被销售人员小看了。

不能说出口的问题不仅只有价格，有些客户不愿意提太多问题，这样会显得自己不够聪明。还有些客户不好意思提出自己的产品要和其他人共用，也就不好意思询问一款产品能否符合多种人群使用。

客户语言不能代表客户的全部需求，只有通过抛出问题，加入新内容，给客户更多的表现空间，销售人员才能找到摸清客户态度的机会。一味地等客户选择，这就变成一场耐心的马拉松。当其中一方的耐心消磨完了，交易也就无疾而终了。因此，销售人员要主动出击，在客户不表露态度的时候，通过投石泛起的波澜找到变数，摸清客户的虚实。

第 2 节

虚张声势：

利用噱头攻势，抬高对方起点

> **» 爆单痛点**
>
> 好不容易吸引到了客户的注意力，没想到客户却觉得产品不算物有所值，一直压价。你越是说产品的好，客户就越是强调产品不值这个价，不够高端大气上档次。

> **» 成交法则：** 人靠衣装，产品靠包装，起点高一点，空间就大一点

讨价还价是商业行为中很常见的部分，销售人员想要以更高的价格卖掉产品，客户自然就想要以更低的价格买到产品。实际上，双方的定价都离不开产品的实际价值。客户认为他所开出的价格中已经包含了产品的实际价值、实际利润，以及其他方面的支出。销售人员既要成交，

又不能把价格压得太低，就只能让产品的起点高一些。

》实战演练

一位客户在某家居生活馆中的一款台灯前驻足，看起来颇有兴趣。销售人员主动招呼："先生您好，喜欢这款台灯？"

客户点点头："我还是第一次看见这样的台灯，挺有意思的，多少钱？"

销售人员："先生您可真有眼光，这款台灯是我们今年新的设计，实木边框的款式要300元，合金边框的要248元，请问您需要哪一种？"

客户："这花里胡哨的东西居然要300元？连个调节高度的功能都没有，实用性上肯定不如我之前那个飞利浦的，便宜点，168元，数字还吉利些。"

销售人员："不好意思，给您的这个价格已经是最低的了。这款台灯主打的就是日常基础的功能和高度美观的设计。不管您去哪里，都没办法找到一样的设计了。"

客户："这个小台灯里还有什么技术含量？"

销售人员："我们这款台灯是请国际知名设计师精心设计的，刚刚获得了中国好设计的奖项。"

客户："中国好声音我倒是听说过，中国好设计，这奖正规吗？"

销售人员："中国好设计奖是由德国红点奖机构在中国设立

的，德国红点奖您应该听说过，是世界上最有分量的工业设计奖项之一，是设计行业最有影响力的奖项。"

客户："既然是红点奖机构设置的奖项，那肯定是正规的，这么贵也就合理了。我就说怎么一进来就看上了这款台灯，别的都不喜欢。"

销售人员："确实，您出众的眼光证明了这款台灯是物有所值的。"

一款产品的价值究竟是多少？销售方和购买方得出的答案是完全不同的。作为客户，在购买产品的时候更多的是看自己得到了什么，而不是考虑生产成本。购买一台手机能得到什么呢？外壳、屏幕、硬件、配件。这些东西加起来，距离售价相去甚远，甚至远远不到售价的一半。但是，这样计算真的是正确的吗？

在销售人员眼中，外壳可不是一般的外壳，而是精心设计过的，不仅要聘用设计师精心规划，不断寻找合适的材料，也要花费大量的时间与精力。再考究一点，就连外壳喷了什么漆，都是用心尝试过才决定的。其他方面也是如此，要有大量的工作人员研究、实验，最终才能得到最后的答案。送入工厂组装、包装，再到零售环节，每个部分都有大量的人工费用。所以，以产品的物料价值当作价格是不合理的。

销售人员要会利用这一点：外壳是精心设计过的，就要让客户知道有几位设计师，领头的设计师是谁，有过怎样的丰功伟绩；硬件和系统是花大力气研发过的，一年投入几个亿甚至几十个亿的研发费用，成本可不是简单的几块电路板、几根插针。

因此，想要抬高产品的价值，就要会为产品找噱头。只要使用的话术得当，任何一款产品都可以是人类汗水、智慧的结晶。特别是在使用数字时，千万不要吝啬。奖项不嫌多，研发金额更不嫌多。产品有什么历史，研发过程中有什么故事，与多少名人、名企业能扯上关系，有哪些技术是首先使用的，哪些优秀的设计是独创的……林林总总，不胜枚举。不管客户怎样看产品，会不会完全相信，至少不会先入为主把产品看扁了。

第 3 节

比下有余：

巧用对比，使客户对产品另眼相待

» 爆单痛点

销售人员的本职工作是将产品销售出去，但需要销售的产品，不可能每次都是"好货""尖货"。销售人员秉持一分价钱一分货的原则，而客户却觉得你的产品不够好，单单只有价廉，却远称不上物美。

» 成交法则：带着客户向下看，才能知道自己站得有多高

人们常说，天外有天，人外有人，即便站在顶峰，也会发现更高的山上还有其他站得更高的人。

客户喜欢向上看，喜欢那些新潮、热门的产品。 如果你的产品不够好，很有可能连差强人意都做不到。带着客户向下看，才能让客户明白，产品是值得购买的。

» 实战演练

　　一个中年人带着年轻的女儿走进一家自行车店，打算买一辆代步的自行车。

　　在销售人员询问购买意向时，女孩提出了自己的要求："我打算买一辆好一点的自行车，之前上网查了一下，蓝图的变速、刹车系统特别好，一体式锻造车架使用寿命更长，齿盘和中轴最好也要一体式的。"

　　销售人员："符合您要求的车型我们这里暂时没有，如果您需要，我们可以调货，后天您就可以来取车了。订金2000元，需要您先交一下。"

　　中年人："订金2000元，那车多少钱？"

　　销售人员："这个配置算是我们品牌的顶级型号了，售价10800元。"

　　女孩赶紧说："这么贵啊，我就上下学代步用，不需要这么贵的自行车。能推荐一款代步比较好的吗？"

　　销售人员："我们品牌的入门款很适合学生，这款的变速、刹车都是品牌自研的。高碳钢的车架虽然重了些，但也有结实耐用的特点。这款的价格也非常合适，只要728元。"

　　中年人似乎有些不太满意："还有没有别的？碳钢车架也太重了，女孩骑这么重的车，太吃力了，更别说需要搬车的时候。"

　　销售人员："如果您需要更轻的车架，我推荐您这一款。相

> 比碳钢更加轻巧的铝合金车架，专业公路防滑踏板，蓝图标准款的变速和刹车装置，想必能满足您的需求了。这一款的价格也不贵，只要1200元左右。"
>
> 客户满意地购买了这款自行车。

客户不是专业人员，对于产品的价格、价值是没有一个准确的估量的。特别是现在，许多行业细分了针对不同客户的配置。低端的价格可以平易近人，高端的价格可以略显奢华。在这种情况下，抛开价格谈好坏，会将客户的期望拉到一个惊人的地步。对于销售人员来说，碰见这样在面对现实后自带落差感的客户，是很难搞定的。

产品力不足的情况下，越是向上比，客户的期待值就会越高。这种过高的期待值是超过正常状况的，主要原因就是客户对产品不了解。但是向下比，却还有让客户的期望值重回正常的机会。因此，在客户因为期望值过高而很难对一般的产品满意的时候，不妨先用比较差的产品对客户的期望值进行调整。

世界那么大，产品那么多，高端的产品与低端的产品差别之大是外行人难以想象的。在不少行业中，高端的产品和低端的产品甚至不像是同一种东西，很难想象它们在功能上有共同之处。因此，当客户的眼睛始终盯着高处的时候，不妨把产品的低处给客户看看，再告诉客户什么是大众的，什么是正常的。

很多时候，厂商也会考虑到这一点，在产品定价的时候会将主要销售的中端产品放在与低端产品较为接近的位置上。在客户比较了低端产品与中端产品的配置后，中端产品的性价比就会显得格外惊人。客户宁愿多花一点钱，也不愿意购买性价比很低的低端产品。

　　产品好不好，比过才知道。当产品力不够的时候，就要跟高端产品比价格，跟低端产品比配置，才能让我们想要销售的产品显得格外耀眼、格外划算。咬住性价比这一点，让客户另眼相看。

第 4 节

疲兵之计：

把控谈判节奏，以疲劳削弱客户判断力

» 爆单痛点

销售人员为客户介绍了更好的产品，客户在消费改善与节约开支之间摇摆不定。谈得久了，客户不仅没下定决心购买产品，反而购买欲越来越低，最后一脸抱歉地离开。花的时间没能转化成订单，亏大了。

» 成交法则：让判断比耐心更快消耗完，打赢每一场持久战

当客户的耐心消耗完的时候，往往对产品也就没有什么兴趣了。 毕竟不花钱的决定，远比花钱的决定要好做得多。销售人员应该利用控制谈判节奏消耗客户的判断力，在耐力消耗完之前达成目标。

》实战演练

客户风风火火地走进某品牌电脑门店，对销售人员说："某某型号的笔记本电脑还有吗？我要一台。"

销售人员本打算直接去拿电脑，但转念一想，对客户说："您要的那台我们刚好没货了，您稍等几分钟，我的同事正在从别的店调货，一会儿就到了，请您先坐在这边等一会儿。"

客户坐下后，销售人员坐在对面："您介意做个调查吗？我想要了解一下您为什么会选择这一款？"

客户："还能有什么原因？这款电脑配置合适，价格合理，外观我也觉得不错，就买了呗。"

销售人员："这么说，您是在网上比较之后才决定直接来门店拿货的？您对这款电脑设想的使用场景是怎样的呢？"

客户："我平日里玩游戏比较多，工作又经常出差，只能选择这种虽然比较重但配置也比较好的笔记本电脑。"

销售人员："那您为什么不选择屏幕更大的型号呢？同系列，我们还有17寸的型号，如果您愿意接受更大的重量，这款在家里也勉强能顶得上台式电脑，岂不是一举两得？"

客户："17寸，会不会太重了？"

销售人员："这款由于对厚度的良好控制，17寸比15寸只重了不到500克。就好像您在包里多放了一瓶矿泉水，对一台电脑来说应该不算太重。"

客户："你说得也有道理，那给我换成17寸那款吧。"

第八章

销售人员与客户之间的关系是非常复杂的,虽然最终的目的应该是双赢,但在这中间还有很多问题可谈、有很多利益纠葛,难免在成交之前因为双方的利益产生交锋。谈判就是成交的武器。掌控谈判节奏,就相当于使用武器的武艺。那么,有哪些提高武艺,有助于拿下订单的办法呢?

根据客户的态度,改变谈判节奏。根据可选项的数量、商品的价格、对产品的需求程度,客户的购买欲是有波动的。客户的态度轻松自然,说明客户要么没有那么高的需求,要么对于购买产品这件事情是胸有成竹的。

如果客户态度相对积极,销售人员就可以放缓节奏,让客户充分了解产品,提升对产品的信心。了解得越多,客户对产品就越满意。如果此时销售人员提升谈判节奏,让客户不能彻底了解产品,客户不介意换其他同行的产品多了解一下。

如果客户的态度不那么积极,说明购买欲较低。那么,销售人员就应该为客户营造紧张感,加快谈判节奏,强调产品的重要性,让客户明白,产品即便是平日里闲置,也比家里没有的好。别让客户有太多的选择,要让客户快速选中某一款产品,趁着紧迫感还在,快速下单。

客户的态度有些焦虑,但迟迟不能决定,就说明客户对产品有需求,没直接购买往往是因为外部情况的影响。经济带来的压力,家庭成员对于此类产品的不认可,都能造成这种情况。

究竟是产品重要,还是家庭、生活更重要?天平的两端本就不是平衡的,客户之所以会犹豫,完全是对产品的购买欲导致的。等客户冷静下来,他就会做出舍弃产品的决定。因此,销售人员应该趁热打铁,将产品的好处，以及能让生活更好、更便利的想法带给客户，让客户迅速做出决定。

行动迅速，购买欲强烈，态度主动，这样的客户往往在与销售人员会面之前就已经想好了一切，决定早就做好了。不过，这样的客户会有更大的潜力。这个时候，销售人员反而不能喜上眉梢，快速与客户签单，不妨将更好、更高端的产品介绍给客户。客户在条件允许的情况下，大概率会选择消费升级。

第 5 节

有的放矢：

量化利益点，使用获益率一针见血

» 爆单痛点

面对相同定位、相同外观，甚至相同系列的产品，客户犯了难。销售人员越是告诉客户，产品虽然相似，但本质上大不相同，客户就越是觉得东西差不多，销售人员就是想要多赚钱。

» 成交法则：没什么比数据更能说明问题，再多的质疑也将在数据面前消除

每个销售人员都应该学会用数据说明问题，只有数据才能说明设计语言相似、相同的产品差距有多大。

只有数据才能告诉客户，在科技水平不断进步、产品变化日新月异的今天，买新不买旧是多么重要。**当客户质疑产品的好坏时，只要拿**

出数据来，就能说明一切问题。

» 实战演练

　　某品牌手机柜台迎来了一位中年客户，似乎对新上市的手机很有兴趣。

　　客户主动开口询问："我看广告说你们品牌的新手机上市了，是哪一台，我想要看看。"

　　销售人员拿出手机递给客户。客户端详了一下，又掏出自己的手机对比了一下，说："这就是新款吗？看起来和我去年买的差不多啊。"

　　销售人员："我们品牌的手机设计语言是有一致性的，因此看起来相差不大，但在使用上可并非如此，得益于科技的进步，差距是非常巨大的。"

　　客户："哦？那差别在哪儿呢？新科技也没让手机变薄啊，反而厚了不少，这摄像头也突出来了，还不如老的好看呢。"

　　销售人员："新款不仅使用了更好的CPU，还搭载了更大的内存、更好的快充技术、更高的屏幕刷新率。"

　　客户："我现在内存就够用了，手机也不卡，还是不换了。"

　　销售人员："但是更好的快充技术和更高的屏幕刷新率可以极大地便利您的生活，真的不考虑一下吗？"

　　客户："这两个东西到底有什么用？怎么能方便我的生活呢？"

　　销售人员："现在您把手机充满电要多久？至少要一个小时

吧？最新的快充技术，从 0% 充到 80% 只需要 10 分钟。如果您有紧急情况，只要几分钟就能免除您外出还要担心手机电量不足的焦虑。旧款手机的刷新率只有 60 赫兹，新款手机的刷新率高达 144 赫兹，只要您使用过了，就不会忘记那种丝滑感。"

客户尝试过后："你早这么说我早就明白了，那就买一台新款吧。"

新产品、新技术、新型号，这些"新"是很难从外观上区分出差异的。面对客户对价格和改动上的质疑，只有数据能更好地说明具体的改变是什么。新的快充技术，这几个字远远不如"10 分钟充到 80%，20 分钟充满"来得震撼人心。因此，当客户对我们的讲解不够明白的时候，就要使用数据，让产品的变化更加清晰明了。

将利益点量化，更能一针见血地解决问题。那么，能不能让这个变化更加一针见血呢？当然是可以的。简单的数字对于说明问题更有帮助，复杂的数字则会让人越发摸不着头脑。因此，当客户的专业性没有那么高的时候，不妨在陈列数据之后将其汇总起来，给客户一个一目了然的回答。

有的时候，产品各方面的提升不仅分散，还有自己的领域，难以统一说明，客户就更加难以理解这究竟意味着什么了。这个时候，销售人员不妨将这些变化会对客户的生活造成怎样的影响讲解给客户听。例如，"用这款产品不仅省力气，还能让您每天多出一小时的休息时间"，"我们这款空调是一级能效的，相比您家里三级能效的空调，一天能省两度电呢"。

当然，在不让客户蒙受损失的情况下，在数据上扬长避短也是很重要的。好的数据要多讲，不好的数据要少讲。一级能效的空调虽然省电，但制冷效果却没那么好，与三级能效空调保持相同的室温时用的电差不多。这样的事情没必要让客户知道，毕竟从结果来说，客户并没有蒙受损失。什么都告诉客户，只能引发客户的不快，让销售过程变得艰难。

第 6 节

开门见山：

关键时刻，掀开彼此底牌打破平衡

» 爆单痛点

销售人员不确定客户想要什么，客户又总是藏着掖着，生怕多花了钱。双方试探来、试探去，几次都没能达成共识。明明双方开诚布公就能达成皆大欢喜的结局，最后却不欢而散。

» 成交法则：爆单不是谈恋爱，掀开底牌，快速成交，对大家都有好处

谈判的过程就是双方互相试探对方底线的过程，那么，自己触碰到对方的底线了吗？对方知道自己已经退无可退了吗？如果到了关键时刻双方还在互相试探，那就只能让邂逅变成错过。

» 实战演练

某电器行内，客户正在与销售人员交谈。

客户："请问一下，你们的空调扇就只有这几款吗？"

销售人员："是的，目前就只有这几款了，您有心仪的吗？没有的话，我也可以为您推荐。"

客户："那行吧，我想要一款噪声小一些的，晚上放在卧室用。"

销售人员："那我推荐您选这一款，造型小巧，制冷效果强，噪声控制得也不错。"

客户："确实不错，有加湿功能吗？"

销售人员拉开水箱，对客户说："这一款配备了2升的水箱，需要加湿的时候只要向里面加水就可以了。"

客户："制暖效果怎么样？"

销售人员："真不好意思，这款因为造型小巧并没有搭载制暖功能。如果您需要制暖功能的话，这一款如何？噪声控制同样优秀，8升大水箱，制冷、制暖三秒调整。虽然使用面积不大，但一间卧室绝对没有问题。"

客户："是不错，多少钱？"

销售人员："这款只要1200元。"

客户："那台小的呢？"

销售人员："这一台只要700元。"

客户："前几天我看见这里有个黑色的，大概这么高，只要

第八章
谈判的逻辑

980元。那款还有吗?"

销售人员:"不好意思,那台已经没有了。"

接下来近20分钟的时间里,客户都在纠结。小的价格合适,却没有制暖功能;大的功能更完善,价格却超出了心理预期。最后,销售人员掀开底牌,对客户说:"最适合您的那一款近一段时间都不会有货了,这款有制暖功能的,我给您打个折,只要1080元,您看怎么样?您要是觉得不满意,就请您给我留个联系方式,那款到货了我再通知您。"

客户:"行,那就买这款了。"

产品一切都好,客户自然不必纠结。在这个世界上,很难有产品在功能、价格、质量、新鲜感、外观上都能满足每个客户。优点越多,价格就越贵。客户什么都想要,但销售人员却没有办法满足客户的所有需求,让产品满足所有的优点,又有一个低廉的价格。

销售人员手上有条件能让产品变得更有性价比吗?当然是有的。但是,这些东西往往数量有限,不能无条件地拿给每一个客户。特别是有些客户原本不需要,但其他人都有了,出于公平也不能没有。因此,销售人员只能将这些东西放在桌面之下,当作让客户一锤定音的底牌来使用。

我们有底牌,客户也有。客户说能给的最低价,也是有突破空间的。只要双方能求同存异,最终成交就不是什么难题。就怕销售人员死死捂住底牌,客户也不见兔子不撒鹰。交易最终告吹的时候,双方其实都没有尽全力,都没有说实话。客户没能买到心仪的产品,销售人员也没能拿到订单。

销售人员的目的是成交，是获得订单。一点微薄的利润对销售人员来说重要吗？当然重要，毕竟销售产品可不是只有这一次。但对于客户来说，一点点差距往往不重要，因为客户消费的次数没那么多。不少客户捂着底牌，是因为乐于与销售人员博弈，战胜销售人员会让他们从内心上得到满足。那么，销售人员主动掀开底牌，先退一步，满足客户的胜负欲，未尝不是好的办法。

作为销售人员，要勇于掀开双方的底牌。我价格能再低一点，您也多少往上抬一抬。这个价格您坚决不松口，我再加点赠品和售后。只要能对客户的底牌有所估计，掀开底牌的时候，距离成功也就不远了。

CHAPTER 09

第九章

逆向成交的逻辑

好销售善于"情节反转"+"角色反转"

第1节

无中生有：
客户说没需求，就为他创造潜在需求

» 爆单痛点

优秀的产品，合适的定价，出色的销售人员，加在一起，就应该是个无往不利的组合。偏偏在这种时候，遇到了最无解的问题：任你产品再好，价格再美丽，客户就是"没需求""不需要""用不上"。

» 成交法则：好产品在哪儿都能发光，客户不是没需求，只是缺少一双发现的眼睛

客户有没有需求，客户觉得自己最清楚。真的是这样吗？**客户没有需求，只是没能完全发现产品的好**，没能真正了解产品的使用场景。作为专业人士，有义务帮助客户发现他对产品是有需求的。

》实战演练

　　一家床上用品店，客户购买了一些床上用品，似乎正在盘算家里还需要什么。这个时候，销售人员主动开口："像您这样一次性买这么多床上用品的顾客可不多呢。"

　　客户："我搬新家，别的都是新的，只有床上用品不是，怪别扭的。听人说，搬新家床上用品都换新的，也吉利。"

　　销售人员："那恭喜您乔迁新居，对了，怎么没见您买枕头呢？"

　　客户："啊，枕头我还打算用之前的。"

　　销售人员："您没打算换个新的枕头吗？现在我们的泰国乳胶枕正在做活动。"

　　客户："枕头就不打算换了，我这个人认枕头，换了睡不着觉。现在这个也是乳胶的，已经用好几年了，我出差的时候都带着，对于新枕头没有需求。"

　　销售人员："您有没有想过，换了枕头就睡不着，是不是枕头本身有问题呢？"

　　客户："枕头能有什么问题？不就是睡习惯就离不开了吗？"

　　销售人员："随着科技的发展，人们对于健康也越来越重视。好的枕头不仅能让您睡得舒服，还能保护您的颈椎，让您更加健康。"

　　客户："越说越玄乎了，那你们的枕头好在哪里？可别跟我说里面有什么磁石，能改变磁场什么的，我不相信那套。"

销售人员拿过一个枕头："您看看，这个枕头的造型，是今年最新的设计，跟您之前用过的绝对不一样，是要更舒服的。"

客户接过枕头，打量了一下："确实不一样，中间那个凹陷是干什么的？"

销售人员："古人说高枕无忧，认为睡高的枕头更舒服，有一定的道理，却不全对。枕头的高低，要根据个人的情况进行调整。喜欢侧睡、喜欢仰睡的人都有，大多数人不会整晚都保持一个姿势。一旦变换姿势，枕头却还是那样，就会不舒服了。"

销售人员指着枕头中间凹陷的部分："人需要的枕头高度，主要由肩膀的宽度决定。肩膀宽阔的人在侧卧的时候，枕头不能和肩膀同高，脖颈就会向下弯曲，不仅不舒服，还会影响健康。枕头的高度如果与肩膀宽度相同，那么在仰卧的时候脖颈就会向上弯曲，也很难受。因此，这款枕头使用了中间凹陷的设计。"

客户："我明白了，仰卧的时候头就放在这个凹陷处，脖颈就能放平了。翻身到侧面的时候，枕头的两边就能起到垫高的作用，脖颈也能放平。"

销售人员："的确是这样，特别是像您这样肩膀宽阔的男士，更容易感受到其中的差别。您说换了枕头睡不着，可能就是因为原来的枕头长期使用有了一点形状，就显得要舒服一点。"

客户："好像确实是这么回事，看来这枕头还真是有用，我就买一个吧。"

第九章
逆向成交的逻辑

好的产品在设计之前早就做过详细的市场调研，细化过客户群体，不仅要让客户喜爱，更要做到让客户用得上。客户在对产品的了解上，肯定是不如专业人士的，因此，先入为主地认为自己没有需求，产品没有用处，是很常见的。

客户找不到需求，不代表销售人员找不到。客户有习惯使用的传统产品，销售人员就要让客户知道新产品省钱、省力、省时间。客户已经有了差距不大的产品，那有没有还没拥有类似产品的亲朋好友呢？"我们正在做活动，您年纪轻轻用不上，那为了年迈父母的健康可以购买。""性别不对？您准备好下一个节日送爱人什么礼物了吗？"

客户本人找不到需求，就为他提供一个全新的使用场景。客户实在不需要，就从他身边的其他人着手。好产品，总是能找到需求的。

第 2 节

痛点效应：
不买我的产品，损失最大的是您

» 爆单痛点

销售人员介绍产品时，客户将信将疑。销售人员说得越好，优惠力度越大，客户的怀疑就越重。到最后，客户找出一万种理由告诉你，自己又不傻，这东西买了就是亏了。

» 成交法则：激发客户感性面，让客户明白不买才是损失

在生活当中，许多消费被认为是不必要的。离开这些消费，人也可以维持基本的生活状态，但进行了消费，就能更好地享受生活。因此，销售人员**应该适当激发客户感性的一面**，让其认为买了不是损失，不买才是。

》实战演练

在某新开的餐厅里,一位顾客正在结账。工作人员一边收银,一边询问顾客:"请问您这次用餐满意吗?"

顾客:"满意,别看是新店,你们的东西还真的挺特别的,水平不错啊。"

工作人员:"感谢您的夸奖,请问您想要办张会员卡吗?"

顾客:"会员卡?你们这个会员卡有什么说法吗?"

工作人员:"成为我们的会员在订位子上会有优先权,每天限量供应的餐品也是会员优先享受的,生日期间用餐还有好礼相送。"

顾客:"那办理会员卡需要什么呢?"

工作人员:"只需要储值5000元,就可以成为会员了。"

顾客:"还是算了吧,办了会员就相当于提前消费了。你们这里消费不低,要是办了会员卡以后,餐品水平逐渐下降,我不是亏大了?"

工作人员:"这个您可以放心,我们的厨师是固定的,不会因为开了新店就更换。现在有新店优惠,储值满100元送50元,上不封顶,存得越多,送得越多。您真的不考虑一下吗?"

顾客:"存100元送50元?这么算下来,这里的消费倒也没那么高了。你们这活动还有多长时间?我先存5000元吧。"

如果每个人都能用理性思考,通过尽可能少量的消费维持生活水平,那么消费主义将寸步难行。事实上，人就是有不理性的一面。人并不是冷冰冰的机器，需要一点来自外部的刺激，需要一点诱惑，才能让他从心理上获得满足，为平淡的生活增添一点波澜。与购买、消费这些词发生关联，最能让人感受到刺激的，就是"优惠""免费"这些词了。

优惠、免费，为了刺激消费都可以有，但从成本角度考虑，是绝不可能常驻的。为了能对客户产生持续性想要消费的刺激，就需要改变其形态，变成一种成本低、效果好、持续时间长的办法。

机不可失，失不再来，是常见的方法。开业促销，除了能刺激消费外，还能让更多的人参与到"认识我们"这一过程中来。在固定日期进行促销、举办活动，也不罕见。这些虽然能在某种程度上刺激消费，却很难让人产生紧迫感。因为这些活动是有规律的，是可以推算什么时候有下一次的。

看似免费，实则优惠，也是非常有效的办法。某人常绕路去一家较远的烤鸭店买烤鸭，朋友品尝过附近的烤鸭店和较远那一家后，得出的结论是两家的口味并无差别，远的那一家还稍微贵一点，于是询问其绕远买烤鸭的原因。答案很简单，因为地点较远的那一家有集送活动，买十次就可凭十张票据免费领取一只烤鸭。核算成本后，这样的优惠力度还不够油钱，但顾客依旧乐此不疲。

人人都能参与，最后一个独得，这样的活动远比将优惠分摊给每个人更有冲击力，更能激发客户感性的一面。某酒吧为了招揽客户，想过许多优惠活动，如酒水打折、赠送小食、节日活动，都没有起到太好的效果。几番询问过后，老板得知顾客觉得这些活动力度太小，可有可无，没什么意思，于是，老板想出了个新活动。每天晚上11点，会随机抽取

第九章
逆向成交的逻辑

一桌顾客，退还当前消费的全部款项，简单来说，就是老板请客。这一活动开始没多久，晚上 11 点时酒吧就人满为患。抽中的人喜气洋洋，没抽中的人也不见沮丧。没多久，每晚 11 点就成为大家最期待的时间。有些顾客甚至表示，自己每天都要来，直到抽中了为止。

销售人员只要能抓住客户的痛点，让客户的思考走向感性，才能将"不买就是亏了"这样的想法送到客户的脑子里，达成销售目的。

第3节

饥饿营销：

我们是限量的，您抓紧考虑

» 爆单痛点

买与不买，这是个问题。对于销售人员来说，"不买"永远不该是一种选择。客户左看右看，今天看了明天看，任凭销售人员使出浑身解数，就是不肯做决定。在销售人员付出大量时间、精力后，只得到了一个"不买"，真的是满盘皆输。

» 成交法则：结合仪式感与饥饿营销，迫使客户做出决定

什么时候的食物是最好吃的？当然是饿过之后。没有人愿意挨饿，在食物充足的情况下，人们可以自由地选择什么时候去吃，去哪里吃。但要是有人告诉你食物快吃完了呢？自由选择就不存在了，**先到先得，才能保证不挨饿**。

》实战演练

一个阳光明媚的下午,一位女士在男士用品店里表情严肃地盯着一把雕工华丽的海泡石烟斗,似乎在思考什么。销售人员主动上前询问:"您好,请问有什么可以帮您的吗?"

女士:"我父亲下个月要过生日,我打算送他一把烟斗,这个能拿出来给我看看吗?"

销售人员从柜台里连包装盒一起将烟斗拿出来,放在女士面前。

女士轻轻拿起,转着圈看了一遍,又放回盒子里说:"这个多少钱?"

销售人员:"这把要 9800 元。"

女士显得有些犹豫,又看了几个,似乎都不如这一个合心意。就在她犹豫不决的时候,销售人员开口说:"这把烟斗的斗钵部分使用了土耳其精选海泡石,咬嘴部分是牛角,由丹麦知名制斗师制作而成,作为生日礼物送给长辈再合适不过了。"

女士:"这个价格有点高了,能便宜些吗?"

销售人员:"抱歉,这一款是全球限量的,总共只有 100 把,今天才刚刚到货,没有什么优惠活动。"

女士:"全球限量 100 把?有什么能证明这真的是限量的呢?"

销售人员打开包装盒,指着上面的铭牌说:"您看,这里 55/100,说明这一把是限量 100 把中的第 55 把。"

女士:"我考虑考虑,明天上午再过来。"

> 销售人员:"我们店里只拿到了这一把,一会儿还有很多老客户要来,我不能保证您明天上午来的时候它还在。"
>
> 女士正要转身,听到销售人员的话,果断做出决定:"就它了,给我包起来。"

物以稀为贵,之所以会有这样的效果,就是因为其稀少的数量决定了只有少数人能够拥有。在条件允许的情况下,享受其他人享受不到的东西,拥有其他人没有的东西,总是能让人生出一些优越感来。因此,人们才会乐此不疲地购买限量版产品。

饥饿营销在本质上同样是限量,只不过数量会逐渐增多,只要有耐心,总是买得到的。那么,人们为什么还是会中招呢?依旧是优越感在作祟。先买到的人就能比后买到的人先享受产品,即便这段时间可能只有短短几天或者一个月。没买到的人会因为看着其他人炫耀而陷入焦虑,变得更加迫不及待,甚至愿意加钱从黄牛手中购买。

互联网让饥饿营销在新时代迸发出全部潜能,每个人都有社交网络,都能通过发表文字、图片让亲朋好友看到自己在炫耀的东西。抢到的优越感和没抢到的焦虑感,都会通过互联网无限放大。饥饿营销还能有更大的能量吗?当然有。

既然限量版能让人产生优越感,饥饿营销能让人产生紧迫感,仪式感还能将上述两种感觉大大加强。为高档限量版的产品附上一块铭牌,带上一串编号,附加价值也就大大提高了。靠前的号码,吉祥的数字,自己的生日、手机尾号,都会成为抢购的对象。有了这些东西,不仅在没抢购成功的人面前有优越感,在编号不如自己的人面前也可以有。

饥饿营销也有类似的办法，例如为前一百名客户提供一些价值不高但却独一无二的纪念品。拿到纪念品的人会觉得自己占到了便宜，毕竟大家花了一样的钱，拿到的东西却不一样多。

限量产生的急迫感和优越感，意味着客户并没有充足的时间思考，不能通过完全的理性做出决定。在理性受到限制的情况下，自然会有购买产品的更多冲动。因此，销售人员完全可以将限量、限时、少量、先到先得等办法当作筹码，将产品卖给客户。

第 4 节

欲擒故纵：
你不用急，让客户先着急

» 爆单痛点

跟客户谈了半天，感觉距离成交只有一步之遥，偏偏到了这个时候，客户端起了架子。你越是着急，客户越是不在乎；你越是着急，客户的要求越苛刻。

» 成交法则：加强客户对产品的需求，而不是被客户察觉你的需求，别急，让客户先急

人人都想要品尝成功的喜悦，越是接近成功，就越是难以抑制喜悦，变得急切起来。但是，黎明之前才是最黑暗的。想要加把劲一举成功，反而会被客户拿捏住。因此，<u>稳重、坚定才是成交前的最佳策略</u>。

》实战演练

某体育用品店里，来自附近中学的采购人员正在与销售人员洽谈一笔生意。该学校正在准备一项大型活动，要求全年级统一着装。该体育用品店正好有一批带瑕疵的运动服要出售，于是双方进行了洽谈。

因为是瑕疵品，所以销售人员给出了一个非常实惠的价格，对方也表示对这个价格很满意，但就是没有马上购买的打算。东拉西扯了一段时间后，客户说："我们这个活动不仅要求统一着装，衣服上还要印上学校和班级，你看看能不能帮忙印一下？"

销售人员："这样的话，您每件要多加一元。"

客户："还要多加钱的？我看其他店都是免费帮忙设计、印刷的。"

销售人员："这个瑕疵款我们已经是特价了，不瞒您说，我们一分钱都没赚您的。算上人力费用，还要赔钱。如果您购买非特价的，可以帮您免费印。"

客户："这样啊，既然要加钱，我考虑一下。"

明明都说好了，突然又出变故，销售人员有点着急，但见客户老成，似乎已经吃定了自己，赶紧镇定心神，对客户说："那您先考虑着，我这边还有几个工作电话要打。"于是，就走去一旁打电话。

又过了一会儿，销售人员走到客户面前对客户说："我们这

> 边七点半就要关门了,您考虑好了吗?最近活动很多,不少公司、学校都在我们这里订购服装,也要求了印字服务。我们会根据下单顺序决定印字的顺序,为了不耽误您使用,希望您能尽快决定。"
>
> 客户:"我现在下单要几天才能排到我们?"
>
> 销售人员:"除去工作日,应该五天之后就可以开始了。"
>
> 客户:"已经要五天之后了吗?那我现在就下单,麻烦你帮帮忙,看看能不能更早一点,多留一点时间处理意外情况?"

销售人员与客户之间的博弈是多方面的,在相持状态下,谁先着急,就证明要先让步。适当让利达成双赢,这没什么大不了的,但是如果客户得寸进尺,步步紧逼,销售人员也不能一味退让。退让来得越是简单,客户就觉得你背后的空间越大,越是想要获得更多的利益。

销售人员获得订单是为了利益,将利益全部出让给客户,卖掉产品这件事情就变得毫无意义了。到了退无可退的时候,着急还有什么用呢?越是急于求成,就越是会让客户觉得能够拿捏你。所以,不要急,让客户先急。

让客户先急,给客户一点紧迫感,就必须使用一点技巧。从时间和产品两个方面,能够达成这一目的。

时间上,销售人员永远比客户更有优势。商家的优惠活动,产品的最佳使用时机,只要客户愿意及时购买,就能得到其他客户无法享受的附加价值。因此,当销售人员围绕时间问题做文章的时候,客户就会产生紧迫感。

产品的独特性也是销售人员手中的重要工具，既然客户对产品有兴趣，并且愿意和销售商谈，必然是事先了解过，认为是最合适的。除非价格上产生巨大分歧，客户很少会临时改变想法。之所以要拖，就是要让销售人员急，以便占据更大的优势。

在产品有独特性的情况下，客户想要考验销售人员的耐心，销售人员也可以"以彼之道，还施彼身"。只要销售人员不急，客户自己就会急起来。你越是表现得无所谓，客户心里就越没底。

第 5 节

最后通牒：
您这边不考虑，我们就考虑其他客户

》爆单痛点

有讨价就有还价。面对客户的高要求，销售人员也要对条件进行调整才能保证自己的利益，但是客户就是不能体谅这一点，寸步不让，最后无奈成交，利益却都给客户拿走了。

》成交法则：谁也不是非谁不可，大家都有其他选择，用竞争给客户增加压力

客户经常有一种奇怪的心理，认为销售人员不会放弃任何一个将产品卖掉的机会。实际上，**产品的数量并非无穷无尽，一个客户也并非绝对不能放弃的**。客户可以通过其他竞争对手给销售人员压力，销售人员同样可以用其他客户给客户施加压力。

》实战演练

一位地产销售人员正带着一对夫妻看房，这对夫妻已经来看了几次，有一次甚至已经说好要购买又临时取消。最终，他们看好了该楼盘一处靠近小区大门的高层。就在销售人员觉得终于要成交的时候，对方却又陆续提出了新的要求。

客户："我们觉得这套房不错，打算买下来了，但是这个价格，是不是还有调整的空间呢？其他楼盘的优惠力度都挺大的，对面的那个新楼盘，听说买房就送金条。"

销售人员："真的不好意思，这几次下来，价格真的已经降到最低了。"

客户："其他楼盘也差不多是这个价格，人家有的送装修，有的送金条，有的送面积，怎么就你们什么活动都没有？"

销售人员："我们的楼盘比他们的位置更好，绿化面积更大，设施也更完善。更何况，跟您说的真的已经是最优惠的价格了。"

客户："我们打算再买一辆车，你看我们自己买一个停车位，你们再送一个靠边一些、位置没那么好的停车位怎么样？"

销售人员："两位，真的不行，停车位很紧张，剩余的也不多了。"

客户："我之前已经打听过了，你们楼盘剩余的房源还不少呢。这样，先便宜点，长期租给我，等租期到了，入住的人也多了，你们再把停车位卖给别人。"

销售人员："没有停车位，其他客户也许就不想买了，这个优惠真的不能给。"

客户："什么优惠都没有的话，那我们就再考虑下，这一间先给我们留一下。"

销售人员："我也想帮您留一下，但是下午就有两位客户要看这间。有一对情侣刚看了一次就说打算把这里买下来当婚房，这一次说不定就要定下来了。"

客户有点不高兴："我们都来看好几次了，你不能说卖给别人就卖给别人吧。"

销售人员："没办法，都是客户，只能先到先得。您不是调查过了，我们的房源还多，没了您还可以看看别的。"

客户："算了，算了，我这边先交定金，这总行了吧。"

销售人员："好的，这边定金协议您过目一下。"

销售人员本质上是为客户服务的，但这不代表所有的权利都掌控在客户手里。产品数量过剩，客户自然可以予取予求，在销售人员面前占据优势。当产品具有一定的特殊性，例如处于某个位置的房子时，客户的数量就有可能超过产品的数量，销售人员就能拥有一定的话语权了。

可能会有销售人员觉得自己的产品也没有那么好，除了当前的客户外没有其他客户有购买意向。这是作为销售人员自己的秘密，客户对此并不知情，销售人员大可以制造出还有其他客户对产品有兴趣、手快有手慢无的假象。

使用这种方法，一定要确认客户的购买欲来自何处。有些时候，客户是真的对产品感兴趣，认为产品适合自己，拥有使用价值。对于这样的客户，搬出"大家都有选择，客户之间也需要竞争"这样的说辞就很有效。

有些时候，客户的购买欲来自产品的高性价比。这样的客户即便是产品没那么合心意，也会选择购买。毕竟性价比高，不管是节省开支还是花同样的价钱为产品升级都是划算的。他们与销售人员讨价还价，就是想要通过提高产品的性价比，坚定自己的购买欲。

面对还在追求性价比的客户时，销售人员搬出其他客户，这样客户就会明白没有更多的利益可以挖掘了，知难而退就成为他们的第一选项。因此，是否使用这样的方法，还是要以客户的购买意向是否强烈为准。

第6节

让步原则：

让步的目的，是使让步利益化

» 爆单痛点

为了订单，一再向客户让步，到最后好不容易签单了，发现这一单下来只收回了成本。到这个时候才发现，让步太多，给公司打了工，给客户打了工，只有自己一无所获。

» 成交法则：后退是为了更好的进步，有章法的让步才能达成利益交换

在销售当中让步几乎是每次与客户谈判都要遇到的事情。**客户需要让步，不仅是要减少支出，获得更多利益，更是为了心理上的满足。** 因此，不要盲目让步，要让让步成为前进的基础。

» 实战演练

在一家品牌电脑店里,客户正在就采购电脑事宜与销售人员交流。

客户:"我们公司打算购置一批办公电脑,你们这边有什么样的配置?"

销售人员拿出配置单递给客户:"您看看,配置、价格上面都标注好了,需要哪一种告诉我就行。"

客户端详了一下:"这个 2268 的配置应该就足够用了,我需要 50 台,有什么优惠吗?"

销售人员:"这个配置本来就是开学季提供给学生的机型,利润很低,既然您要购买 50 台,那一台 2200 元,您看怎么样?"

客户:"就给抹个零头啊,这个优惠力度可太低了。一台 1800 元怎么样?"

销售人员:"您压价也压得太狠了,1800 元成本都回不来。您还要 50 台,我们可就真的是卖得越多,亏得越多了。2168 元,这是我能给的最低价了。"

客户:"还是太贵了,一台 2000 元,要是不行,我就换一家问问。"

销售人员:"请问贵公司还需要购置其他东西吗?键鼠套装需要吗?"

客户:"需要的。"

销售人员:"这样,我们这儿有办公键盘鼠标套装,给您优惠价，一套68元。您买100套，电脑2108元给您。"

客户："我这才买50台电脑，要100套键盘鼠标干什么？"

销售人员："键盘鼠标是消耗品，用坏了总要更换的。这样，我再送您一台路由器。"

客户："行吧，这样的优惠力度也可以了。"

人心的奇妙之处无所不在，销售本就是与人打交道的行业，把握人心往往能事半功倍。客户提出条件，销售人员能让客户满意，就能提高成功概率。满足客户后自己遭受的利益损失，则可以通过向客户提要求进行弥补。薄利多销，就是利用数量进行补偿，保证收入总额不变。客户多买了东西，省下了钱；销售人员多卖了东西，赚到了钱，大家都满意。

大宗采购可以用这样的办法，小规模销售同样可以。如果某件商品的利润偏低，完全可以通过要求客户购买另一件商品来弥补，这就是超市经常捆绑销售商品的原因。客户买某款低价商品，还要求有折扣优惠，销售人员大可以表示购买高端产品就有优惠与折扣。在差价不大的情况下，客户往往会选择产品升级。

因此，面对客户步步紧逼的时候，既不能咬死牙关，一步都不肯退让，更不能一开始就退到墙角，再退也一点空间都没有了。要学会在客户面前退让，在客户看不见的地方前进。

销售人员想要做到爆单，就必须做到满足客户的需求和保证自身的利益。那么，不妨将客户的要求当成利益交换的筹码。客户要求销售人员退一步，销售人员同样可以要求客户退一步。就好像一架天平，双方不断在自己的一边添加筹码。如果产品有吸引力，客户也是真的有购物需求，天平早晚能达成平衡。

平衡，就是销售人员最终要达成的目的。自己那一边翘得高高的，说明盘子上没什么筹码，一无所获，自然不符合销售想要达成的目的。客户那边翘得高高的，他当然不肯买账。因此，不管是进是退，都要适可而止，与客户一起寻找那个平衡点。

CHAPTER 10

第十章

留客的逻辑

从畅销走向常销

第1节

破窗效应：

敷衍地回复一个投诉，就可能输得一塌糊涂

» 爆单痛点

销售人员推销产品，客户有购买需求，双方交谈甚欢，说好第二天就签下订单，没想到，第二天客户却变了卦。当销售人员好话说尽的时候，客户冷冷地来了一句："你们的产品，售后没有保障，还是算了吧。"

» 成交法则：有一扇破窗，其他窗子就都难以保全了，千万别因小失大

破窗效应是犯罪学中的一个理论，是说在一栋建筑里，如果有几扇窗子是破的，那么剩下的好窗子也很快会被打破，让整栋建筑没有一扇窗子是完好的。如果依旧放任不管，情况还会变得更加糟糕。**投诉也是**

如此，当一个投诉被敷衍了，接下来的走向只能更加糟糕。

» 实战演练

某个小声学工作室长期在二手电商平台上销售自制的声学设备，包括耳机、音箱、播放设备等。一天，该工作室的销售人员接到客户的投诉："我前几天刚在你们这儿下单买了耳机，今天刚刚收到。这个接头好像有点松，左边的声音突然断了一下。"

销售人员不以为意，认为是意外，是很偶然才会发生的，于是对客户说："请您放心，我们的耳机每一个在发货之前都会测试，不会出现接头松动的情况。您所说的断了一下，可能是拉扯到了，属于正常现象。"

客户："哦，这样啊，那我再试试。"

一天后，客户又发来消息："肯定是你们耳机的接头是松的，昨天晚上我又用了一会儿，声音总是有突然断掉一瞬间的情况。"

销售人员："我们的耳机是绝对不会有这样的问题的，您有排查过您的设备，或者是其他情况吗？"

客户："我用其他耳机试过了，只有你们的耳机有问题。"

销售人员："您可能是在使用过程中意外拉扯到，造成耳机接口损伤。我们有保修服务，可以为您维修，只需要30元。"

这条消息过后，客户就没再说什么。几天后，工作室的产品评价中出现了第一条差评，不仅描述了耳机接口松动的问题，还附上了聊天记录，表示产品售后非常不好，新产品出问题还要客户自己掏钱维修。几天以后，关于这款产品的差评越来越多。

> 第一批产品很快就卖完了，加大产量的第二批却完全无人问津。

不管产品有多优秀，百分之百不出问题也是不可能的。更何况，不管产品是否出现问题，销售人员都应该重视起来。一旦因为过度自信，敷衍了客户的投诉，就可能面临一败涂地的结局。

不把客户的投诉当回事，就难以意识到产品本身存在问题。有问题的产品是个例，是客户自身使用不当，还是普遍存在的通病？销售人员意识不到这件事情，客户却能亲身体会。如果是产品本身存在问题，接下来针对这款产品的投诉将会铺天盖地，卖得越多，口碑越差。

不能及时、妥善地处理客户投诉，客户的诉求就得不到解决，只能寻求其他发泄渠道。在互联网时代，消息的传递、搜寻都远胜从前。因此，不管是客户给出的一个差评，还是在其他平台指名道姓地吐槽，都会有很多人看见。

如今，人们在购物之前会习惯性地搜索产品的口碑。那些想要购买产品的潜在用户，看到真情实感的差评，还会对产品抱有信心吗？如果产品销量好，还可以用好评冲淡差评。要是产品相对小众，用户圈子较小，这样的差评会是致命的。

敷衍一个投诉，得到一条差评，看似公平，实则不然。由于破窗效应，一旦环境变差以后，人们就会越发认为不去保护环境也是可以的，破坏环境也是无所谓的，第一条差评就成为打破第一扇窗子的石子。

很多电商平台的商家意识到了，一款产品如果出现第一条差评，那很快就会有一大波差评到来，因此他们才会据理力争去努力减少差评数量。毕竟要做打破第一扇窗的人，也不是那么容易的。

第 2 节

蝴蝶效应：

让一个客户满意，就能带出一个客户群体

» 爆单痛点

自己辛辛苦苦跑客户，一单又一单地赚辛苦钱，其他同事没有自己忙，没有自己累，谈成一单以后就一直有客户自己上门，业绩比自己好得多，真的是人比人气死人。

» 成交法则：尽力服务每一个客户，你永远不会知道哪个客户会带来意想不到的收获

服务客户是销售人员的使命，但"尽义务"和"尽力"中间是有着巨

大差异的。**当你成为服务最好的那个时，向他人推荐你，也就成了一件能帮助他人的事情**。到时候，客户自然会不请自来。

》实战演练

傍晚时分，某服装店迎来了一位老年客户，急匆匆地向销售人员提出需求："你们这里能定制服装吗？"

销售人员："您指的定制是什么？在服装上定制标志还是定制特殊的服装？"

客户环顾一下四周，指着墙上挂着的一件运动服说："就那个，要绣上定制的图案和文字。"

销售人员："没问题，请问您什么时候要？"

客户："10套，今晚8点就要。"

销售人员："哎哟，您怎么要得这么急啊，工作人员6点半就下班了，就剩下40分钟，这也来不及了。"

客户："晚上我们有个广场舞比赛，需要统一着装，我这会儿还得排练去呢。您帮帮忙吧，这附近也没别的服装店了，我还能上哪儿去找？"

销售人员："那行吧，我通知一下同事，今天稍微加下班。您给我留个地址，一会儿我开车给您送过去。"

客户留下地址就匆匆离开了。销售人员在做完服装后及时送到了指定的地点，客户千恩万谢。

几个月后，那位客户又来到店里，找到销售人员，表示这次要200件运动服，分成10个颜色、款式，绣上不同的图案和文字。

销售人员打趣说："怎么着，您不跳广场舞，改采购服装了？"

客户："上一次你可算是救了我的命了，服装要是没能及时送到，别说输赢，光是让人看见那个散乱的样子，脸就丢大了。你们店的衣服做得不错，亲自送来的时候，其他队也都看见了，都夸你服务好。这一次又要比赛，我就自作主张帮你问了其他队伍，要不要在你这统一置装。大伙都同意，我就代表她们找你订服装来了。"

销售人员："那可真的要谢谢您了，我这次保管和上次做得一样好。"

人心都是肉长的，哪一家的服务更加贴心，哪一家的服务不近人情，都能轻易地感受出来。既然有能给出更好服务的人，有能相处起来更舒服的人，为什么要去不好的地方触霉头呢？在商品没有独特性的情况下，在哪里买不是买呢？

享受到了好的服务，将其分享给他人是对大家都有好处的事情。销售人员能够得到更多的订单，让业绩更出众，工作更轻松。分享者将好的东西推荐给他人，既能收获他人的感激，又能得到销售人员的感激，说不定将来还能因此得到些优惠呢。被分享者也节省了试错成本，找到了更好的产品、服务。当然，在这个过程中，受益最大的自然是销售人员。

第一次扩散，是从一个客户到多个客户。如果慕名而来的客户能满意，就会分享给更多的人。它就如同滚雪球一样，规模越来越大，速度越来越快。这也如同蝴蝶效应一样，位于南美洲的一只蝴蝶轻轻地扇动翅膀，因为过程中不断发生的反应，抵达美国得克萨斯州的时候可能就成了一场龙卷风。

　　因此，服务好每一个客户，不仅是销售人员基本的职业道德，更是走向成功的方法之一。毕竟没人知道究竟哪一个客户有超前的分享欲，哪个客户有强大的组织能力，哪个客户会将你的优质服务告诉给他认识的每一个人。机会总是留给有准备的人，服务好每一个客户，就是为不错过机会做的最好准备。

第 3 节

"粉丝"效应：

通过拥趸用户，进一步扩大销售影响力

» 爆单痛点

客户群体正确，销售策略正确，促销活动开启，却发现产品无人问津。问题出在哪里？一打听才知道，原来找到的客户群体，早就是对手品牌的"粉丝"了。

» 成交法则：用爱铸就拥趸，拥趸自然会将爱传播得更远

当客户对产品、服务特别认可的时候，他就会长期使用，逐渐认同产品的设计、企业的文化。如果销售人员能走近这些老客户，多为他们着想，久而久之会变得更加亲密。**销售人员为客户着想，客户也会为销售人员着想**，更愿意帮助销售人员扩大影响力。

» 实战演练

某游戏店内，一位老客户因新游上市前来购买。销售人员见客户买了游戏却不那么开心，于是开口询问："往常买新游戏的时候您都欢天喜地的，怎么今天买了新游戏也不开心？"

客户："这联机游戏，自己玩有什么意思？"

销售人员："之前跟您一起玩游戏的朋友呢？"

客户："他在网上买的，快递还在路上呢。"

销售人员："总代先分销到每个店，到货以后再分销给其他客户。即便他们预先开售，也不如直接到咱们店里拿货快啊。"

客户："谁说不是呢，要是单机游戏，我都快打通关了，他那边才刚拿到。"

销售人员："要么您劝劝朋友们，别在网上买了，来我这边直接拿，算上快递费也差不多。您要是劝得动，以后买游戏全都打九折。"

客户："让他们来买可以，就当帮你个忙，至于打折，还是算了吧。"

销售人员："怎么着？看不上这点折扣？"

客户："蚊子腿也是肉，怎么可能看不上。不过你这小本经营也不容易，更何况让他们知道了，好像我让他们来就是为了那点折扣似的，没必要。以后有什么游戏到了，你优先给我留着就行，别像之前一样，每次稍微晚一点到就卖完了。"

销售人员："绝对没问题，以后到了我先给您打电话，您说要我绝对给您留一份。"

客户："晚一点我就带朋友过来，今晚怎么也得一起玩上。"

"粉丝"效应是指消费者以需求和期望为中心，激发对某个产品、品牌或者理念的极度热情。根据销售规模的大小，"粉丝"效应也有不同的使用方法。小规模的销售，自然可以通过老客带新客这样基础的方式，通过"粉丝"逐个扩大影响力。但对于大规模的销售来说，这样做的效率较低，一般只当作基础方式。例如，某些商家在促销时会采用第二份半价的方式，老客户想要以更优惠的价格购买产品，自然会把产品推荐给朋友，带朋友来享受更低的价格。

提升"粉丝"的竞争意识是更加有效的做法，我们有"粉丝"，同行也有"粉丝"。如何能让"粉丝"迸发出更大的热情呢？当然是划分阵营，进行对抗。胜利者得意扬扬，失败者面上无光。胜负的标准，自然就是产品的销量。"粉丝"为了能够取胜，会不遗余力地向身边的亲朋好友宣传品牌、产品，在互联网上说产品的好话，甚至不惜夸大其词。

提升"粉丝"的竞争意识是一把"双刃剑"，过于强调竞争意识，很容易出现极端"粉丝"。这些极端"粉丝"不仅在夸赞喜欢的产品时不顾事实，在抹黑竞争对手时同样不遗余力，因此很容易给其他人留下糟糕的印象。如果极端"粉丝"数量过多，品牌和产品的形象也会受到影响。

经常举办活动，把"粉丝"聚集在一起，是扩大"粉丝"群体、激发热情的好办法。热烈的氛围在社交场合中拥有极强的影响力，"粉丝"原本就对品牌有良好的印象，有热爱，在热烈的气氛下，他们互相影响，就能激发出更多的热情，对品牌的忠诚度也会大大提高。

想要让"粉丝"自发帮忙,扩大销售影响力,最好的办法永远是以诚待人,给"粉丝"带去最好的产品和服务。

第 4 节

品牌效应：

为什么茶饮店的门口经常排长龙

» 爆单痛点

在茶饮经济兴起以后，茶饮店成了许多年轻人创业的方向。都是茶饮店，水平虽有参差，但相差不大。为什么他人的茶饮店门前大排长龙，自己的茶饮店却门可罗雀呢？创业变成了败家，失败的苦果只能独自吞下。

> » **成交法则**：利用品牌影响，提升客户对产品的信任感，让销售变得轻松高效。

品牌的诞生并不源自商家想要打响口碑，而是源自客户想要以更简单的方式找到好的产品。当商家发现这一点后，品牌就成为让销售变得更简单的重要工具。**客户可以不认识产品，只要认识品牌，就更愿**

意接受产品、信任产品、购买产品。

» 实战演练

新年期间，一个中年客户正在逛超市，似乎打算采购一些年货。没多久，他就被一处糖果摊位吸引了目光。糖果包装华丽，口味繁多，但客户看了一会儿，还是打算转身离开。这个时候，品牌方的销售人员叫住了客户。

销售人员："您好，请问是想要购买一些糖果吗？"

客户点了点头。

销售人员："我们的新品刚刚上市，有力度很大的折扣，您为什么不试试呢？"

客户看了看价格，疑惑地问："这个价格是折扣的价格？其他牌子没打折也差不多是这个价格了。"

销售人员："您听说过某某品牌吗？"

客户："听说过，我女儿很喜欢吃那个牌子的果冻和饼干，价格是真的不便宜。不过听说是名牌，我尝了几次也觉得味道确实不错。"

销售人员："我们品牌第一次尝试进入糖果领域，配方独特，工艺优秀，原料上乘，质量是可以对标那些知名糖果品牌的，只是因为这是新品，所以才有这个力度的折扣。"

客户看了一眼商标，说："原来是这个牌子，怪不得价格这么贵了。既然是大品牌，口味和质量应该是有保证的，那就买两个综合装吧。"

品牌是有力量的，每个销售都应该学会借助品牌的力量说服客户。很多新手销售员把销售的关键放在了话术和产品上，完全忽略了品牌本身的说服力。一旦学会使用品牌的力量，说服客户就变得简单许多。

借助品牌的力量，最大的问题在于没有品牌可借。特别是在品牌草创阶段，不够优秀的品牌设计不仅不能让产品变得更容易销售，反而会产生负面影响。很多客户不愿意花费时间去了解不认识的品牌，更不愿意花钱尝试没用过的产品，这个时候销售人员只能撇开品牌谈产品，才能让客户摘下有色眼镜，专心体会产品的优点。

如果是个人创业者，想要获得成功就必须重视品牌效应，学会打造自己的品牌。商标的设计，品牌的名称，产品的名称、造型，都要有自己的特点。既要保证美观，又要保证与产品风格相契合，这样才更容易给客户留下深刻的印象，有助于品牌形象的树立。

图像远比文字更容易被记住。如果我们的产品有独特、明显又美观的设计，不仅客户会牢牢记住，其他看见产品的人也会根据这个图案寻找产品，进而认识品牌。有些时候，客户会抱怨产品上的商标太明显，或者太难看，但对于品牌来说，绝对是利大于弊的。

第5节

互联网效应：
利用口碑，将销售被动转化为销售主动

» 爆单痛点

辛辛苦苦地找客户，跑断了腿也没能成交几单。别人就待在那里，却不停地有客户来找，成交率还特别高，你说气人不气人。

» 成交法则：利用互联网效应宣传产品，口碑越好，宣传效果就越优秀

互联网连接着每个人，每个人又有自己的圈子，有自己的亲朋好友。那么，当一个圈子里所有的人都在自己的社交平台上宣传一款产品时，会有多少人看见呢？又会有多少人生出兴趣，打算购买呢？这一切，都是由口碑决定的。

实战演练

某饰品工作室在电商平台上销售产品,不管怎么宣传,效果都不太好。每次宣传刚开始,还会有人来询问,两三天后,连个询问的人都没有了。某天,一位客户找到销售人员,发来一张照片:"你好,请问这款发饰是在你们这里卖的吗?"

销售人员:"您好,是的。"

客户:"那怎么没上架呢?我还以为找错了店铺。"

销售人员:"不好意思,这一款本身就是试做品,只做了几个,很快就卖完了。如果您喜欢我们的风格,可以看看其他发饰。"

客户:"可以,我确实看好了一款,这就下单。"

销售人员:"感谢您的购买,请问您是在哪里看到这张图片的呢?"

客户:"在我同事的朋友圈看到的,她自拍的时候就戴着这款发饰,我一眼就喜欢上了。"

销售人员:"好的,再次感谢。"

从那以后,销售人员改变了宣传策略,减少了对平台广告的依赖,让客户在朋友圈帮忙宣传。愿意帮忙发朋友圈的,就能得到返现或者是店铺优惠券。没多久,它就建立起一个客户众多的小圈子,销量也获得了提升。

互联网的力量是庞大的,但这种力量源自海量的用户资源。使用互联网的力量进行宣传，一不小心就会石沉大海，杳无音信。想要利用互联网效应，形成病毒式宣传，就必须保证产品有良好的口碑，以及宣传对象是目标人群。

利用互联网宣传，最好的办法之一就是建立"粉丝"群。"粉丝"聚集在一起的时候，他们会迸发出更大的热情，对产品有更高的忠诚度和喜爱度。除此之外，愿意购买销售人员的一款产品，同样可以成为其他同类产品的潜在客户。他们的同事、同学、朋友，也有可能是销售人员的潜在客户。

因此，通过"粉丝"群进行宣传，目标群体是绝对准确的。通过"粉丝"群成员进行再次宣传的时候，宣传指向的目标依旧比盲目地撒网精确，效果也来得更好。

利用互联网效应进行宣传，产品的好口碑是必要前提。当产品拥有外观精美、质量过硬或者价格低廉等突出优势时，购买过产品的客户会自发地在社交平台上展示自己买到的宝藏产品。但是，这种展示的欲望远远不如产品不尽如人意时想要发表控诉的欲望。

好事不出门，坏事传千里。在互联网时代，这个特征会表现得更加明显。产品够好，客户愿意帮忙宣传；产品不够好，客户更愿意让他认识的、不认识的以及每个在互联网上遇到的人都知道。因此，当产品不够好，没能树立起好口碑的时候，互联网效应带来的负面影响是更加恐怖的。

就以"粉丝"群为例，当产品口碑好的时候，每个人都能成为你的宣传专员，把你的产品拿给他们社交平台上的朋友看。但如果你的产品不好，"粉丝"群就变成了审判群，每个人都会在"粉丝"群中批评你，批评

第十章
留客的逻辑

你的产品。你能做的就只有及时解决问题,平息众人的愤怒,独自承担大部分损失,即便有些可能本不该承担。

互联网效应带来的影响不都是好的,在利用的时候要提前准备一些负面状况的应对策略,千万不要想着逃避问题,否则,原本的及时雨也能化作点点星火,以燎原之势反噬你。

第6节

大数据效应：

利用大数据，摸清客户的资源关系与需求点

» 爆单痛点

想要做好销售，就要找到产品定位，确认目标人群，开发新的市场。问卷调查做了，认识的人都问过了，却还是因为样本太小，得不到准确的数据，完不成既定的目标。

» 成交法则：更大的数据，更准的推送，才能帮你更好地完成销售任务

时代在不断进步，新的科技带来了新的销售方式，大数据就是其中重要的一种。通过大数据，平台能够将信息更准确地推送给潜在客户。对于销售人员来说，**利用大数据技术，去更好地理解顾客需求、识**

别潜在客户，可以让我们以更高的效率投入到精准营销和市场预测等工作中。

» 实战演练

某餐厅经营一段时间后，因业绩问题，打算进行改革。不过，管理层感觉正确的改革方向不好确定，经过商议，决定搜集客户数据，根据客户反馈制订改革方案。

接下来的一段时间里，餐厅通过送菜、打折等方式，请客户填写调查问卷，再经过细化分析，确定了餐厅的改革方案。首先，餐厅根据客户的反馈对餐品进行了调整。由于餐厅的位置靠近商业街，平日里用餐的客户中来逛街的年轻人居多，他们对于本地菜兴趣不大，那些新奇、有创意、能够引起热议的"网红"餐品更能引起他们的兴趣。其次，改变服务方式。绝大部分客户认为，如果有更新奇和热情的服务方式，他们会更有用餐的兴趣。如在固定日期、节日有特别的表演，能让他们拍照发朋友圈就更好了。再次，希望能有更先进的排队方式。现在在餐厅排队取号，等待时间十分无聊，有时候因为排队会浪费几个小时。如果餐厅能使用扫码线上排队，并且能随时查询排队进度，客户就能从排队中解放出来，有更多的时间去逛街。

最后，客户愿意接受餐品分量减少的情况下降低价格。现在餐厅的定价策略是量大价高，这让很多客户不满意，明明有很多种餐品，每次却只能尝试少量几种。如果能降低价格，减

> 少分量，客户就能一次性尝试更多餐品，让用餐体验更丰富。借助大数据制订的改革计划很快开始实施了。一段时间后，这家生意惨淡的老餐厅又恢复了往日的火爆。

大数据对于销售来说，最大的作用就是认识客户。时代在发展，社会主流的想法、兴趣、偏好、流行趋势都在不断变化。即便是相同的产品，在不同的人眼中也会有完全不同的意义，始终沿用过去的眼光来看客户，产品的制造和销售理念只能被时代抛在身后。因此，运用大数据不断更新客户画像，才能保证销售策略是正确的，产品的方向是正确的。

除了正确认识客户外，大数据的另一个作用是认识自己。使用了多年的营销方式真的还能打动客户吗？过去的一些优惠策略还能不能满足客户？这些观点都是要不断更新才能起到作用的。如果不通过大数据了解客户，单纯凭经验、同事、同行以及自己熟悉的其他事物，就很有可能陷入"同温层效应"中去。

"同温层效应"是大数据的另一面，因为积累了太多同类数据而产生的束缚。某些企业、厂商数十年如一日地使用同样的宣传策略、设计语言、广告话术，过去的成功让他们摸不透改进的点，而在盲目的改变中忠诚的老客户依旧喜欢那些一成不变的东西。这样下去的结局就是老客户在流失，而新客户不见踪影，最后只能归咎于产品不再受欢迎，而不是销售策略出了问题。根据大数据，准确修客户画像，才是精准抓住客户需求，及时调整资源分配，为客户提供满意产品的最好方法。